## 기탄 교과서 한자가 초등 한자교육의 기준이 되겠습니다

기탄의 교육이념과 함께 하며 자녀 교육을 몸소 실천해 주신 수백만 학부모님의 사랑으로 이제 기탄은 학부모님께 자녀교육의 기본이자 시작으로 인식 되고 있습니다. 값비싼 사교육비를 들이지 않고도 '과연 내 아이를 잘 가르칠 수 있을까?' 하고 의구심을 가졌던 분들도 기탄으로 자신 있게 가르치며 남다른 학습효과를 보고 있다고 이구동성으로 말씀하십니다.

최근 들어 기탄교재로 공부하는 어린이들이 폭발적으로 증가하고 있는 것은 그 동안 타성에 젖어 비싼 사교육에만 의존하던 학부모님들의 의식에 일대 변혁이 일어나고 있다는 증거이며, 자녀교육의 새로운 시작을 알리는 메시지라고 생각합니다.

### 초등한자의 바이블! 기탄교과서한자입니다

기탄교육은 기탄한자(A~D단계) 이후 학습할 수 있는 한자 학습프로그램을 만들어 달라는 학부모님들의 많은 성원에 힘입어 새롭게 기탄교과서한자를 선보이게 되었습니다. 기탄교과서한자는 기탄한자의 연계 학습프로그램으로 초등교과서 90여권을 총 분석, 10만여 한자어를 정리한 방대한 데이터베이스를 확보하였습니다. 이 중 교과서 출현 빈도, 중학교 교육용 필수 한자 범위 내에서 530여 한자어를 국어, 수학, 사회과 탐구 등 다양한 영역의 한자를 학습하게 했습니다.

특히 학교별 학력평가시험(일제고사) 부활로 인해 교과별 영역별 성적표에 성취도가 등급화 되는 것을 반영, 초등 교과서에 실린 각 과목의 한자어와 교과서 유형 문장학습으로 예습, 복습의 효과와 기초 논술력까지 길러줍니다. 뿐만 아니라 한자 카드, 쓰기 보따리, 형성평가가 입체적인 한자 학습을 이끌어갑니다. 또한 중국어에 대한 관심이 늘어가는 것을 고려, 간체자를 익혀 중국어 학습의 연계와 어학능력 계발의 기회를 마련하였습니다. 기탄한자에서 기탄교과서한자까지! 이제 유·초등 한자교육은 기탄한자에 맡겨 주십시오.

### 부모가 바뀌지 않으면 아이도 바뀌지 않습니다

무조건 비싼 사교육비를 들여서 아이를 남에게 맡긴다고 성적이 좋아지는 것은 아닙니다.
자녀교육은 부모의 사랑과 관심이 있어야 학습효과가 배가됩니다. 이제부터 부모님이 직접 챙겨주세요.
무조건 사교육에 우리 아이들을 맡기기 보다는 아이들 스스로 공부하는 힘을 길러줄 수 있도록 기초교육만큼은 부모님께서 직접 챙겨주세요. 앞으로도 기탄교육은 자녀와 함께 공부할 수 있는 최상의 교재를 만들기 위해 항상 먼저 학부모님의 마음을 들여다 보며 최선의 노력을 다하겠습니다.
기탄을 사랑하는 대한민국 모든 학부모님께 진심으로 감사의 말씀을 드립니다.

(주) 기탄교육 임직원 일동

## 기탄교과서한자는
## 초등학교 교과서에 쓰인 한자어를
## 총체 분석한 어휘력 향상 한자 학습 프로그램입니다

● 초등학교 교과서 90여권을 총분석, 교과서에 쓰인 한자어를 집대성한, 방대한 데이터베이스를 갖추어 학습 한자어를 선정, 발췌하였습니다.

기탄교과서한자는 지금까지 어떤 학습지사에서도 시도하지 않은 과학적, 실용적인 한자어 선정 작업을 거쳤습니다. 초등학교 교과서 90여권에 쓰인 한자어 분석 작업을 성균관대학교 한문학과 학생들에게 의뢰하여 10만여 한자어를 정리한 방대한 양의 데이터베이스를 갖추었습니다. 이중 교과서 출현 빈도와 실용도, 한자 학습상의 난이도를 고려하고, 중학교 교육용 필수한자의 범위 내에서 530여 한자어를 선정하여 국어, 수학, 사회과 탐구, 음악, 미술 등 다양한 영역에서 실용도 높은 한자어를 학습하게 됩니다. 또한 커리큘럼의 전개 방식은 학습자들이 낱낱의 한자 암기가 아닌, 교과서 예문 유형의 문장 속에서 한자와 한자어의 쓰임을 체득하여 어휘력을 신장시킬 수 있는 한자 학습 프로그램입니다.

● 낱개의 한자 학습 뿐만 아니라 언어 사고력을 높여 초·중·고등학교의 학력 평가와 논술의 기초 능력을 길러 줍니다.

초·중·고등학교의 시험이 달라집니다. 8년 전 폐지되었던 학교별 학력평가 시험(일제고사)이 시행되고 교과별, 영역별 성적표에 성취도가 등급화 되어 반영됩니다. 또, 2007학년도부터 중·고등 내신평가에서 종전의 단답형 시험유형을 줄이고 논술, 서술형의 시험문항 출제 비중이 50%로 확대되어 집니다. 기탄교과서한자는 초등학교 교과서에 실린 각 과목의 한자어와 교과서 유형 문장 학습으로 학습내용의 예습, 복습의 효과와 논술의 기초 능력까지 길러 줍니다.

● 학습자 스스로 한자의 무궁무진한 조어(造語)기능, 의미 함축 기능, 의미 확인 기능을 직접 체험할 수 있도록 구성하였습니다.

▶ 기탄교과서한자에서는 기초과정에서 이미 학습한 한자와 새로 배우는 한자를 더하여 교과서에 쓰인 한자어를 익히게 됩니다. 이러한 학습 과정을 통해 한자가 가진 조어력(造語力)을 아이들 스스로 체험해가며 조어와 독해의 원리까지 깨닫게 됩니다.

信 + 用 … 信用 언행이나 약속이 틀림이 없을 것으로 믿음
  + 義 … 信義 믿음과 의리
  + 念 … 信念 굳게 믿어 의심하지 않는 마음

▶ 기탄교과서한자에서는 한자의 의미함축 기능을 익혀 전문화된 용어의 이해를 돕고, 아이들이 사용할 수 있게 됩니다. 한자는 뜻글자로서 하나의 한자마다 뜻을 함축하고 있어 전문용어나 고등지식의 습득을 용이하게 합니다.

투수? … 던질 투(投) 손 수(手)
       그러면 던지는 손 아하! 던지는 사람
     … 사전적 의미
       야구에서 내야의 중앙에 위치하여 포수를 향해 공을 던지는 사람

▶ 기탄교과서한자에서는 한자의 의미 확인 기능을 익혀 언어의 바른 의미를 쉽게 파악할 수 있습니다. 한글로 쓰인 '의사'는 대략 8개 정도의 뜻을 지니고 있어 醫師(의사)인지, 意思(의사)인지, 아니면 義士(의사)인지 알기 어렵습니다. 그러나 한자를 익히면 의미가 명시적으로 드러나 그 뜻을 바로 확인할 수 있습니다.

의사 … 意思 : 무엇을 하려고 하는 생각이나 마음
     … 義士 : 의리와 지조를 굳게 지키는 사람
     … 醫師 : 의술과 약으로 병을 고치는 직업에 종사하는 사람

기탄교과서한자는
낱개의 한자 학습 뿐만 아니라 언어 사고력을 높여
논술의 기초 능력까지 향상시키는 프로그램입니다

● **초등학교 교과서에 쓰인 한자어를 학습합니다.**
초등학교 교과서에 쓰인 중학교 교육용 한자 900자 범위의 한자어를 사용 빈도, 출현 횟수, 한자 학습상의 난이도를 고려하여 학습 한자와 한자어를 선정하였습니다. 이는 종래의 한자 중심의 배열방식에서 벗어나 실용한자를 익혀 학습자의 언어 사고력을 높여 학습능력을 높이는 학습목표를 담아낸 것입니다.

● **한자의 특성을 학습자가 체험하며 깨닫는 원리체험 학습 프로그램입니다.**
한자가 갖는 문자학적 특징은 조어력, 의미 함축성, 의미 명시성이 있습니다. 기탄교과서한자에서는 학습자가 스스로 이러한 특성을 깨달을 수 있게 됩니다. A~D단계의 학습으로 기초적인 상형, 지사자를 익힌 아이들은 기초적인 한자와 새로 배우게 될 한자의 결합, 즉 조어(造語)과정을 몸소 체험하며 깨달을 수 있게 됩니다. 이러한 경험으로 처음 만나는 단어를 접할지라도 그 의미를 유추하고 파악할 수 있는 능력을 기르도록 개발되었습니다.

● **문학, 인문, 역사, 위인, 실용문 등 다양한 영역의 폭넓은 소재를 통해 한자를 흥미롭게 학습합니다.**
교과서에 실린 한자어를 교과서 유형의 단문 뿐만 아니라 다양한 글감들을 통해 심화학습하게 됩니다. 동화작가의 창작동화, 위인이야기, 시, 신문, 전래동화 등 문학, 인문, 역사, 위인, 실용문 등을 통해 한자를 흥미롭게 익힐 수 있도록 구성하였습니다.

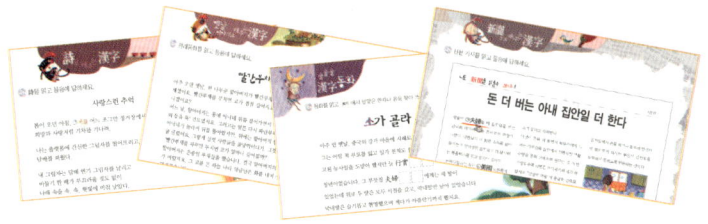

● **기출 한자의 복습 재생으로 파지 효과를 높일 수 있습니다.**
3주마다 한 번씩 독립된 복습주를 운용하여 학습내용의 파지 효과를 높일 수 있습니다. 또 매 장마다 앞서 배운 한자를 하단에 기재하여 교재내의 사전적 기능을 높이고 자학자습이 가능하도록 구성하였습니다.

● **한자 카드, 쓰기 보따리, 형성평가를 이용한 입체적 학습 방법론을 제시하였습니다.**
학습지를 읽고 풀이하는 학습과 병행하여 한자 카드를 통한 훈음 기억 학습, 쓰기 보따리를 이용한 한자 암기 학습, 형성평가를 통한 자가 진단 등 주교재 이외의 학습 도구를 제시하였습니다. 이러한 보조교재들을 통해 아이들은 지루하지 않게 한자를 익히고 실력을 향상 시킬 수 있습니다.

● **간체자를 익혀 중국어 학습의 연계와 어학 능력 계발의 기회를 마련하였습니다.**
학습 한자에 해당되는 간체자를 제시하여 한자 학습의 실용도를 높였습니다. 간체자를 아이가 모두 암기하지 못하더라도 간체자의 개념을 알게 되고, 중국어 학습에 자발적인 흥미유발의 기회가 될 수 있습니다.

# 어렸을 때 배운 한자는 평생을 통해 활용됩니다
# 한자 학습의 중요성이 날로 높아지고 있습니다

## ● 한자 학습은 왜 필요할까요?

한자 학습은 이제 선택이 아닌 필수가 되었습니다. 우리의 언어 생활에 반드시 필요한 영역이라는 인식과 함께 한자가 지닌 학문적 전이성, 시대적 필요성 등이 재해석 되고 있기 때문입니다.

**첫째,** 우리말의 70% 이상이 한자어로 이루어졌기 때문에 기본적인 언어 생활에 도움을 줍니다. 곧 우리말을 바르게 이해하고 올바른 국어 생활을 하기 위해서는 한자를 아는 것이 필수적입니다.

**둘째,** 국어, 수학, 사회, 역사, 외국어 등 다른 학과 공부에 많은 도움을 줍니다. 예를 들어 수학을 공부할 때 분자(分子), 분모(分母), 분수(分數) 등 한자를 알고 있는 아이라면 수학의 개념도 훨씬 더 쉽고 정확하게 이해할 수 있습니다. 이렇게 한자는 타과목의 도구 교과적인 성격을 갖고 있습니다.

**셋째,** 어휘력과 이해력의 신장으로 문장 의미 파악이 쉬워져 책을 가까이 하는 아이로 만들어 줍니다. 한자는 조어력(造語力)과 의미 함축성이 매우 뛰어난 문자입니다. 이러한 이유로 전문서적이나 학술 용어 등은 한자로 표현되어 있습니다. 많은 양의 독서 경험은 곧 아이의 생각하는 힘과 창의력을 길러 줍니다.

**넷째,** 한자나 한문에는 선인들의 지혜와 윤리관이 배어 있어 바람직한 가치관과 예의범절을 배울 수 있습니다. 고전, 명문 속에 담긴 효행, 우애, 경로 등 사상적인 유산을 통해 바람직한 가치관을 가질 수 있고 나아가 사람이 해야 할 도리, 어른을 공경하는 자세, 학문을 배우는 자세 등도 익힐 수 있습니다.

## ● 한자 학습의 추세는 어떤가요?

한자 사용을 사대주의적 발상, 중국의 문자 차용이라고 보는 종전의 시각에서 벗어나 이제는 우리 언어의 일부라는 인식이 확대되어 초등학생부터 성인까지 한자 학습 열풍이 불고 있습니다.

**첫째,** 한자능력검정시험의 자격증이 국가 공인 자격증으로 인정됨에 따라 유아~성인에 이르기까지 한자 학습 붐이 일고 있습니다.

**둘째,** 21세기의 주역으로 한자 문화권이 급부상함에 따라 중국어, 일본어의 기초로서 한자 학습의 열기가 높아지고 있습니다. 한자는 세계인구의 1/4이 사용하고 있는 국제 문자로서 앞으로 그 중요성은 날로 높아질 것입니다.

**셋째,** 2005년부터 대학 수학 능력 시험 외국어 영역에 한문 과목이 추가되고 중·고등학교의 시험 출제 유형에서 논술 유형 출제 비중이 높아짐에 따라 한자 학습의 조기 교육이 일반화되어 가고 있는 상황입니다.

**넷째,** 대부분의 초등학교에서 재량시간으로 한자 학습을 시행하고 있습니다. 70년대 이후 한자 교육을 전혀 받지 못했던 부모님들과는 달리 현재 대부분의 초등학생들이 한자를 배우고 있습니다.

**다섯째,** 각종 공문서, 도로 표지판 등에 한자를 병기하는 국가 정책과 경제계, 교육계 등 각계의 한자 학습 요구에 대한 발표로 한자 학습의 중요성은 더욱 높아지고 있는 상황입니다.

# 한자 학습은 아이의 두뇌를 개발해 줍니다
# 한자 학습의 체계! 기탄한자가 잡아 줍니다

## ● 한자 학습의 효과는 무엇인가요?

▶ 한자는 그림에서 시작된 문자로서 구체적 이미지 자체가 곧 문자가 되었습니다. 이러한 시각적 이미지를 통한 학습은 곧 아동의 우뇌를 자극해 줍니다.

▶ 한자는 하나의 기초 개념에서 새로운 개념을 창출해 나갑니다. 이러한 과정을 통하여 아동의 창의력, 어휘력을 길러 줍니다.

▶ 한자는 저마다의 뜻, 소리, 모양을 각기 지닌 문자입니다. 이렇게 저마다의 뜻과 소리, 모양을 분석하는 연습을 통해 아동의 좌뇌 발달을 돕습니다.

▶ 한자는 부수와 몸이라는 수많은 부속품들의 조합으로 이루어진 문자입니다. 이러한 부속품들의 분리와 합체 과정을 통해 아이의 좌뇌를 발달하게 하고 논리력, 분석력을 키워 줍니다.

▶ 한자가 갖는 문자학적 특징은 조어력, 의미 함축성, 의미 명시성이 있습니다. 이미 만들어진 한자와 한자를 결합하여 새로운 단어를 만드는 조어력, 의미를 함축적으로 표현할 수 있는 의미 함축성, 의미가 바로 드러나는 의미 명시성이 있습니다.

한자 학습의 연구가 활발히 이루어지는 일본에서는 한자 학습의 시기가 빠를수록 좋다고 합니다. 그것은 우뇌 발달 시기인 6세 이전에 표의문자를 더 쉽게 받아들일 수 있으며, 초등학교 1학년 때가 가장 높은 효과를 보인다는 주장입니다. 그러므로 어른들의 관점으로 한자가 유아들에게 어렵다는 편견은 버려야 하며 한글을 어느 정도 읽을 수 있는 시기라면 한자 학습의 적기라고 할 수 있습니다.

## ● 기탄한자는 어떻게 구성되었나요?

▶ 기탄한자는 그림과 놀이로 시작하는 기초 한자 과정에서부터 고전명저의 명문장까지 한자 학습의 체계를 세우는 프로그램입니다. 중학교 교육용 한자 900자의 범위에서 기초한자(낱자)과정 ➜ 조어(교과서 한자어)과정 ➜ 문장(고전)과정의 학습까지 한자 학습의 체계를 세우는 학습목표로 개발되었습니다.

▶ 기초한자(낱자)과정(A단계~D단계)에서는 한자를 처음 시작하는 유아에서 한자 학습의 경험이 없는 초등학교 2학년생을 대상으로 상형자, 지사자 등 쉬운 개념의 기초한자 168자를 익히게 됩니다.
시각 이미지를 통한 그림한자의 각인과 다양한 부교재를 통한 놀이 학습으로 재미있게 학습하는 특성을 지니고 있습니다. 또, 최고의 일러스트와 세련된 디자인으로 아동의 정서적 심미감을 기를 수 있는 프로그램입니다. 기존의 한자 교재와는 차별화된 학습 효과를 얻을 수 있습니다.

▶ 조어(교과서 한자어)과정(E단계~G단계)에서는 총 90여권의 초등학교 교과서에 쓰인 모든 한자어를 사용 빈도와 한자 난이도에 따라 분석한 방대한 양의 데이터베이스를 갖추어 156자의 학습 한자와 530여 한자어를 선정하였습니다.

신출 한자와 이미 학습한 기출 한자를 조합하여 새로운 어휘를 만들어 내는 무궁무진한 조어(造語)의 원리를 아이가 스스로 깨달아 이해력과 어휘력이 높은 아이로 자라나게 해줍니다. 또 단편적인 한자 암기 학습에서 벗어나 국어, 수학, 사회, 과학 영역의 다양한 예문 학습과 창작 동화, 인물, 시, 신문, 고전이야기 등의 학습으로 학교 수업에 자신감을 길러 주고 나아가 어휘력, 사고력 향상으로 논술의 기초 능력까지 배양해 줍니다.

## 구성내용

# A·B단계 교재별 구성내용은 이렇습니다

◆ 기탄한자 **A단계** 호별 학습 내용 및 부교재

| 집 | 호 | | 학습 한자 | 학습 한자어 | 부교재 |
|---|---|---|---|---|---|
| 1집 | 1 | 1a ~ 12a | 山, 川, 日 | 강산, 등산/ 하천, 산천/ 日기, 日월 | 한자 모형 놀이<br>한자 카드<br>한자어 카드 |
| | 2 | 13a ~ 24a | 月, 火, 水 | 반月, 月급/ 火산, 火재/ 水영장, 水요일 | |
| | 3 | 25a ~ 36a | 木, 金, 土 | 木수, 식木일/ 金구, 황金/ 국土, 土지 | |
| | 4 | 37a ~ 48a | 복습+놀이 학습 | 복습 | |
| 2집 | 5 | 49a ~ 60a | 一, 二, 三 | 一등, 통一/ 二층, 二학년/ 三각형, 三총사 | 한자 창열기 놀이<br>한자 카드<br>한자어 카드 |
| | 6 | 61a ~ 72a | 四, 五, 六 | 四방, 四계절/ 五선지, 五월/ 六학년, 六반 | |
| | 7 | 73a ~ 84a | 七, 八, 九 | 북두七성, 七면조/ 八도강산, 八방미인/ 九관조, 九구단 | |
| | 8 | 85a ~ 96a | 복습+놀이 학습 | 복습 | |
| 3집 | 9 | 97a ~ 108a | 十, 百, 千 | 十자가, 十월/ 百점, 百화점/ 千자문, 千리마 | 한자 파노라마 놀이<br>한자 카드<br>한자어 카드 |
| | 10 | 109a ~ 120a | 耳, 目, 口 | 耳목, 耳비인후과/ 제目, 면目/ 식口, 출입口 | |
| | 11 | 121a ~ 132a | 人, 手, 足 | 人간, 人형/ 手술, 선手/ 足구, 수足 | |
| | 12 | 133a ~ 144a | 복습+놀이 학습 | 복습 | |
| 4집 | 13 | 145a ~ 156a | 田, 石, 玉 | 유田, 대田/ 石공, 石굴암/ 백玉, 玉동자 | 한자 브로마이드<br>한자 카드 |
| | 14 | 157a ~ 168a | 力, 大, 小 | 인力거, 풍力/ 大학생, 大가족/ 小아과, 小인국 | |
| | 15 | 169a ~ 180a | 上, 中, 下 | 上의, 上행선/ 中국, 中심/ 下교, 下인 | |
| | 16 | 181a ~ 192a | 복습+총괄 평가+놀이 학습 | 복습 | |

◆ 기탄한자 **B단계** 호별 학습 내용 및 부교재

| 집 | 호 | | 학습 한자 | 학습 한자어 | 부교재 |
|---|---|---|---|---|---|
| 1집 | 1 | 1a ~ 12a | 犬, 牛, 羊 | 충犬, 애犬/ 牛유, 牛마차/ 羊모, 백羊 | 한자 모형 놀이<br>한자 카드<br>한자어 카드 |
| | 2 | 13a ~ 24a | 父, 母, 子 | 父모, 父자/ 母녀, 학父母/ 子녀, 여子 | |
| | 3 | 25a ~ 36a | 生, 心, 身 | 生일, 선生/ 心신, 안心/ 身체, 身장 | |
| | 4 | 37a ~ 48a | 복습+놀이 학습 | 복습 | |
| 2집 | 5 | 49a ~ 60a | 車, 士, 己 | 車도, 자전車/ 군士, 박士/ 자己, 극己 | 한자 창열기 놀이<br>한자 카드<br>한자어 카드 |
| | 6 | 61a ~ 72a | 自, 工, 門 | 自동차, 自연/ 목工, 工장/ 대門, 창門 | |
| | 7 | 73a ~ 84a | 刀, 王, 白 | 단刀, 은장刀/ 王자, 국王/ 白지, 흑白 | |
| | 8 | 85a ~ 96a | 복습+놀이 학습 | 복습 | |
| 3집 | 9 | 97a ~ 108a | 魚, 貝, 鳥 | 인魚, 魚항/ 貝물, 貝총/ 백鳥, 길鳥 | 한자 파노라마 놀이<br>한자 카드<br>한자어 카드 |
| | 10 | 109a ~ 120a | 主, 册, 雨 | 主인, 主객/ 册상, 공册/ 雨산, 雨의 | |
| | 11 | 121a ~ 132a | 風, 里, 竹 | 風차, 강風/ 里장, 里정표/ 竹림, 竹도 | |
| | 12 | 133a ~ 144a | 복습+놀이 학습 | 복습 | |
| 4집 | 13 | 145a ~ 156a | 草, 花, 馬 | 약草, 草가/ 무궁花, 花원/ 경馬장, 馬부 | 한자 브로마이드<br>한자 카드 |
| | 14 | 157a ~ 168a | 男, 女, 夕 | 男녀, 미男/ 소女, 선女/ 夕양, 추夕 | |
| | 15 | 169a ~ 180a | 舌, 齒, 面 | 작舌차, 舌음/ 齒과, 충齒/ 가面, 수面 | |
| | 16 | 181a ~ 192a | 복습+총괄 평가+놀이 학습 | 복습 | |

# C·D단계 교재별 구성내용은 이렇습니다

◆ 기탄한자 **C단계** 호별 학습 내용 및 부교재

| 집 | 호 | | 학습 한자 | 학습 한자어 | 부교재 |
|---|---|---|---|---|---|
| 1집 | 1 | 1a ~ 12a | 文, 化, 言, 才 | 文인, 文신/ 化석, 문化/ 言어, 言론/ 다才, 천才 | 한자 맞추기 놀이<br>한자 카드<br>한자어 카드 |
| | 2 | 13a ~ 24a | 兄, 弟, 交, 友 | 兄제, 학부兄/ 의형弟, 弟자/ 交통, 외交/ 교友, 전友 | |
| | 3 | 25a ~ 36a | 多, 少, 血, 肉 | 多정, 多少/ 少녀, 노少/ 심血, 血육/ 肉식, 肉신 | |
| | 4 | 37a ~ 48a | 복습+놀이 학습 | 복습 | |
| 2집 | 5 | 49a ~ 60a | 出, 入, 內, 外 | 出구, 出생/ 入구, 출入/ 국內, 차內/ 外국, 內外 | 한자 병풍 놀이<br>한자 카드<br>한자어 카드 |
| | 6 | 61a ~ 72a | 去, 來, 立, 坐 | 去래, 과去/ 來일, 미來/ 자立, 立동/ 정坐 | |
| | 7 | 73a ~ 84a | 光, 明, 行, 步 | 光명, 풍光/ 문明, 明일/ 신行, 行진/ 步병, 步행 | |
| | 8 | 85a ~ 96a | 복습+놀이 학습 | 복습 | |
| 3집 | 9 | 97a ~ 108a | 天, 地, 江, 河 | 天사, 天국/ 천地, 地구/ 江산, 江촌/ 河천, 은河수 | 한자 주사위 놀이<br>한자 카드<br>한자어 카드 |
| | 10 | 109a ~ 120a | 毛, 皮, 角, 蟲 | 毛피, 양毛/ 목皮, 皮혁/ 녹角, 직角/ 초蟲, 해蟲 | |
| | 11 | 121a ~ 132a | 古, 今, 衣, 食 | 古목, 古서/ 고今, 今일/ 우衣, 하衣/ 외食, 초食 | |
| | 12 | 133a ~ 144a | 복습+놀이 학습 | 복습 | |
| 4집 | 13 | 145a ~ 156a | 君, 臣, 兵, 卒 | 君주, 君신/ 臣하, 충臣/ 兵사, 兵력/ 卒병, 卒업 | 한자 브로마이드<br>한자 카드 |
| | 14 | 157a ~ 168a | 方, 向, 左, 右 | 지方, 方향/ 풍向, 남向/ 左우, 左향左/ 右회전, 좌右명 | |
| | 15 | 169a ~ 180a | 本, 末, 分, 合 | 근本, 本인/ 末일, 본末/ 分교, 分수/ 合창, 合심 | |
| | 16 | 181a ~ 192a | 복습+총괄 평가+놀이 학습 | 복습 | |

◆ 기탄한자 **D단계** 호별 학습 내용 및 부교재

| 집 | 호 | | 학습 한자 | 학습 한자어 | 부교재 |
|---|---|---|---|---|---|
| 1집 | 1 | 1a ~ 12a | 靑, 赤, 音, 色 | 靑산, 靑년/ 赤색, 赤십자/ 音악, 音색/ 백色, 色지 | 한자 맞추기 놀이<br>한자 카드<br>한자어 카드 |
| | 2 | 13a ~ 24a | 住, 所, 姓, 名 | 의식住, 住택/ 所감, 장所/ 姓명, 백姓/ 名작, 지名 | |
| | 3 | 25a ~ 36a | 利, 用, 有, 無 | 利용, 예利/ 공用, 식用/ 有명, 소有/ 無인도, 無례 | |
| | 4 | 37a ~ 48a | 복습+놀이 학습 | 복습 | |
| 2집 | 5 | 49a ~ 60a | 公, 平, 意, 思 | 公공, 公무원/ 平화, 平야/ 意견, 동意/ 思고, 思상 | 한자 병풍 놀이<br>한자 카드<br>한자어 카드 |
| | 6 | 61a ~ 72a | 老, 弱, 貧, 富 | 老인, 원老/ 弱세, 노弱/ 貧약, 貧혈/ 富귀, 富자 | |
| | 7 | 73a ~ 84a | 正, 直, 忠, 孝 | 正직, 正답/ 直선, 直각/ 忠성, 忠언/ 孝도, 孝녀 | |
| | 8 | 85a ~ 96a | 복습+놀이 학습 | 복습 | |
| 3집 | 9 | 97a ~ 108a | 前, 後, 走, 止 | 역前, 오前/ 오後, 식後/ 활走로, 경走/ 止혈, 금止 | 한자 주사위 놀이<br>한자 카드<br>한자어 카드 |
| | 10 | 109a ~ 120a | 法, 道, 完, 全 | 法률, 法원/ 道로, 道덕/ 完승, 完성/ 全국, 안全 | |
| | 11 | 121a ~ 132a | 善, 惡, 長, 短 | 善악, 善행/ 惡마, 惡몽/ 長검, 사長/ 장短, 短명 | |
| | 12 | 133a ~ 144a | 복습+놀이 학습 | 복습 | |
| 4집 | 13 | 145a ~ 156a | 世, 界, 國, 家 | 世계, 출世/ 외界, 정界/ 國왕, 國어/ 家족, 작家 | 한자 브로마이드<br>한자 카드 |
| | 14 | 157a ~ 168a | 東, 西, 見, 聞 | 東서남북, 東해/ 西구, 西부/ 발見, 見학/ 신聞, 풍聞 | |
| | 15 | 169a ~ 180a | 南, 北, 兒, 童 | 南극, 南대문/ 北극, 北상/ 유兒, 兒동/ 목童, 童화 | |
| | 16 | 181a ~ 192a | 복습+총괄 평가+놀이 학습 | 복습 | |

## 구성내용

# E단계 교재별 구성내용은 이렇습니다

◆ 기탄교과서한자 E단계 호별 학습 내용 및 부교재

| 집 | 호 | 학습 한자 | 학습 한자어 | | 심화 영역 | | 부교재 |
|---|---|---|---|---|---|---|---|
| 1집 | 1 | 1a~16a | 寸京品市 | 寸 : 四寸, 外三寸, 四寸間<br>品 : 食品, 用品, 作品 | 京 : 上京, 京畿道, 京仁線<br>市 : 市內, 市場, 市立 | 창작동화 | 소중한 지폐 한 장 1 | 한자 카드<br>쓰기보따리<br>형성평가 |
| | | | | | | 고사성어 | 水魚之交 | |
| | | | | | | 시 | 사랑스런 추억 – 윤동주 | |
| | 2 | 17a~32a | 巨具各曲 | 巨 : 巨人, 巨大, 巨木<br>各 : 各各, 各自, 各國 | 具 : 家具, 道具, 用具<br>曲 : 作曲, 曲線, 行進曲 | 창작동화 | 소중한 지폐 한 장 2 | |
| | | | | | | 고사성어 | 他山之石 | |
| | | | | | | 시 | 봄 – 빅토르 위고 | |
| | 3 | 33a~48a | 可由原因 | 可 : 可能, 可決, 不可能<br>原 : 原子力, 原因, 草原 | 由 : 自由, 由來, 理由<br>因 : 原因, 因果, 要因 | 창작동화 | 슬기로운 재판 1 | |
| | | | | | | 고사성어 | 見物生心 | |
| | | | | | | 시 | 절정 – 이육사 | |
| | 4 | 49a~64a | 복습 | 복습 | | 창작동화 | 슬기로운 재판 2 | |
| | | | | | | 고사성어 | 漁夫之利 | |
| | | | | | | 시 | 동방의 등불 – 타고르 | |
| 2집 | 5 | 65a~80a | 同求失反 | 同 : 同生, 同行, 合同<br>失 : 失手, 失明, 失言 | 求 : 求心力, 要求, 求人<br>反 : 反面, 反省, 反共 | 창작동화 | 닭이 사람과 함께 살게 된 이유 1 | 한자 카드<br>쓰기보따리<br>형성평가 |
| | | | | | | 고사성어 | 五十步百步 | |
| | | | | | | 시 | 접동새 – 김소월 | |
| | 6 | 81a~96a | 告共首民 | 告 : 忠告, 原告, 告白<br>首 : 自首, 首弟子, 首相 | 共 : 共同, 公共, 共生<br>民 : 市民, 國民, 民心 | 창작동화 | 닭이 사람과 함께 살게 된 이유 2 | |
| | | | | | | 고사성어 | 登龍門 | |
| | | | | | | 시 | 눈 내린 아침 – 이인로 | |
| | 7 | 97a~112a | 元先年回 | 元 : 元日, 元金, 元來<br>年 : 少年, 靑年, 一年 | 先 : 先生, 先山, 先王<br>回 : 一回用品, 河回, 回轉 | 창작동화 | 쇠를 먹는 쥐 1 | |
| | | | | | | 고사성어 | 馬耳東風 | |
| | | | | | | 시 | 눈 오는 저녁 – 김소월 | |
| | 8 | 113a~128a | 복습 | 복습 | | 창작동화 | 쇠를 먹는 쥐 2 | |
| | | | | | | 고사성어 | 白眉 | |
| | | | | | | 시 | 만돌이 – 윤동주 | |
| 3집 | 9 | 129a~144a | 不非未必 | 不 : 不足, 不公平, 不平<br>未 : 未安, 未來, 未完成 | 非 : 非行, 是非, 非常口<br>必 : 必要, 生必品, 不必要 | 창작동화 | 세 친구 1 | 한자 카드<br>쓰기보따리<br>형성평가 |
| | | | | | | 고사성어 | 多多益善 | |
| | | | | | | 시 | 삶이 그대를 속일지라도 – 푸슈킨 | |
| | 10 | 145a~160a | 知加字幸 | 知 : 知人, 知己, 告知<br>字 : 文字, 數字, 十字 | 加 : 加入, 加味, 加工<br>幸 : 多幸, 不幸, 幸福 | 창작동화 | 세 친구 2 | |
| | | | | | | 고사성어 | 聞一知十 | |
| | | | | | | 시 | 집 – 김영랑 | |
| | 11 | 161a~176a | 表形味香 | 表 : 表面, 表情, 表明<br>味 : 意味, 風味, 口味 | 形 : 人形, 三角形, 地形<br>香 : 香水, 香氣, 香 | 창작동화 | 꿀강아지 1 | |
| | | | | | | 고사성어 | 知音 | |
| | | | | | | 시 | 올벼 고개 숙이고 – 이현보 | |
| | 12 | 177a~192a | 복습 | 복습 | | 창작동화 | 꿀강아지 2 | |
| | | | | | | 고사성어 | 竹馬故友 | |
| | | | | | | 시 | 행복 – 한용운 | |
| 4집 | 13 | 193a~208a | 星軍相和 | 星 : 行星, 天王星, 北斗七星<br>相 : 首相, 人相, 色相 | 軍 : 軍人, 國軍, 軍士<br>和 : 平和, 和音, 共和國 | 창작동화 | 흰 코끼리의 전설 | 한자 카드<br>쓰기보따리<br>형성평가 |
| | | | | | | 고사성어 | 千里眼 | |
| | | | | | | 시 | 나그네의 밤 노래 – 괴테 | |
| | 14 | 209a~224a | 單別命祖 | 單 : 單元, 名單, 食單<br>命 : 生命, 人命, 命令 | 別 : 別名, 別世, 分別<br>祖 : 先祖, 祖上, 祖父母 | 창작동화 | 뱀이 기어 다니게 된 이유 1 | |
| | | | | | | 고사성어 | 朝三暮四 | |
| | | | | | | 시 | 말 없는 청산이오 – 성혼 | |
| | 15 | 225a~240a | 居章異再 | 居 : 住居, 居室, 同居<br>異 : 異常, 異意, 大同小異 | 章 : 文章, 圖章, 樂章<br>再 : 再生, 再活用, 再三 | 창작동화 | 뱀이 기어 다니게 된 이유 2 | |
| | | | | | | 고사성어 | 一擧兩得 | |
| | | | | | | 시 | 〈사랑〉을 사랑하여요 – 한용운 | |
| | 16 | 241a~256a | 복습 | 복습 | | 창작동화 | 뱀이 기어 다니게 된 이유 3 | |
| | | | | | | 고사성어 | 溫故知新 | |
| | | | | | | 시 | 삶의 아침인사 – 애너 리티셔 바볼드 | |

# F단계 교재별 구성내용은 이렇습니다

◆ 기탄교과서한자 F단계 호별 학습 내용 및 부교재

| 집 | 호 | | 학습 한자 | 학습 한자어 | | 심화 영역 | | 부교재 |
|---|---|---|---|---|---|---|---|---|
| 1집 | 1 | 1a~16a | 仁 仙 信 休 | 仁: 仁川, 仁祖, 仁君<br>信: 信用, 自信, 信念 | 仙: 仙女, 水仙花, 仙人<br>休: 公休日, 休火山, 休息 | 창작동화 | 달밤에 얻은 행운 1 | 한자 카드<br>쓰기보따리<br>형성평가 |
| | | | | | | 고사성어 | 天高馬肥 | |
| | | | | | | 전래동화 | 빨간부채 파란부채 | |
| | 2 | 17a~32a | 安 宅 官 容 | 安: 未安, 安心, 安全<br>官: 法官, 官家, 外交官 | 宅: 住宅, 自宅, 宅地<br>容: 容恕, 內容, 美容 | 창작동화 | 달밤에 얻은 행운 2 | |
| | | | | | | 고사성어 | 大器晩成 | |
| | | | | | | 전래동화 | 사만년을 산 사람 | |
| | 3 | 33a~48a | 海 洋 漁 洗 | 海: 地中海, 東海, 海外<br>漁: 漁夫, 漁村, 出漁 | 洋: 東洋, 西洋, 海洋<br>洗: 洗手, 洗車, 洗面 | 창작동화 | 백일홍이야기 1 | |
| | | | | | | 고사성어 | 孟母三遷 | |
| | | | | | | 전래동화 | 소금을 만드는 맷돌 | |
| | 4 | 49a~64a | 복습 | 복습 | | 창작동화 | 백일홍이야기 2 | |
| | | | | | | 고사성어 | 蛇足 | |
| | | | | | | 전래동화 | 우렁각시 | |
| 2집 | 5 | 65a~80a | 他 位 俗 保 | 他: 他人, 他地, 自他<br>俗: 民俗, 風俗, 世俗 | 位: 方位, 品位, 單位<br>保: 保全, 安保, 保有 | 창작동화 | 꾀 많은 장님 1 | 한자 카드<br>쓰기보따리<br>형성평가 |
| | | | | | | 고사성어 | 梁上君子 | |
| | | | | | | 전래동화 | 꼭두각시와 목도령 | |
| | 6 | 81a~96a | 守 室 客 定 | 守: 守則, 保守, 守兵<br>客: 主客, 客室, 客地 | 室: 室內, 居室, 王室<br>定: 一定, 決定, 安定 | 창작동화 | 꾀 많은 장님 2 | |
| | | | | | | 고사성어 | 良藥苦於口 | |
| | | | | | | 전래동화 | 잊으라 한 건 안 잊고 | |
| | 7 | 97a~112a | 林 村 材 校 | 林: 山林, 國有林, 竹林<br>材: 木材, 石材, 人材 | 村: 山村, 漁村, 民俗村<br>校: 下校, 校長, 校門 | 창작동화 | 바보 영웅 이야기 1 | |
| | | | | | | 고사성어 | 座右銘 | |
| | | | | | | 전래동화 | 반쪽이 | |
| | 8 | 113a~128a | 복습 | 복습 | | 창작동화 | 바보 영웅 이야기 2 | |
| | | | | | | 고사성어 | 矛盾 | |
| | | | | | | 전래동화 | 고양이와 푸른 구슬 | |
| 3집 | 9 | 129a~144a | 決 洞 注 流 | 決: 決定, 決心, 可決<br>注: 注文, 注意, 注目 | 洞: 洞口, 洞長, 仁寺洞<br>流: 上流, 交流, 流行 | 창작동화 | 괴물 잡은 이발사 | 한자 카드<br>쓰기보따리<br>형성평가 |
| | | | | | | 고사성어 | 同床異夢 | |
| | | | | | | 전래동화 | 임자가 따로 있는 요술 궤짝 | |
| | 10 | 145a~160a | 便 作 使 代 | 便: 便利, 便安, 大便<br>使: 使用, 天使, 使臣 | 作: 作心三日, 作用, 作品<br>代: 古代, 代表, 代身 | 창작동화 | 수수께끼 하나 | |
| | | | | | | 고사성어 | 結草報恩 | |
| | | | | | | 전래동화 | 배나무골 이도령 | |
| | 11 | 161a~176a | 念 志 感 想 | 念: 信念, 記念, 一念<br>感: 共感, 自信感, 所感 | 志: 意志, 同志, 志士<br>想: 回想, 思想, 感想 | 창작동화 | 행운을 찾아다니는 사나이 1 | |
| | | | | | | 고사성어 | 井中之蛙 | |
| | | | | | | 전래동화 | 하늘 나라 밭 구경 | |
| | 12 | 177a~192a | 복습 | 복습 | | 창작동화 | 행운을 찾아다니는 사나이 2 | |
| | | | | | | 고사성어 | 近墨者黑 | |
| | | | | | | 전래동화 | 솜뭉치 꼬리가 된 토끼 | |
| 4집 | 13 | 193a~208a | 計 記 語 詩 | 計: 時計, 合計, 生計<br>語: 用語, 國語, 言語 | 記: 日記, 記入, 記念<br>詩: 童詩, 詩人, 三行詩 | 창작동화 | 그림자 없는 탑 1 | 한자 카드<br>쓰기보따리<br>형성평가 |
| | | | | | | 고사성어 | 有備無患 | |
| | | | | | | 전래동화 | 은혜 갚은 까치 | |
| | 14 | 209a~224a | 情 性 進 造 | 情: 人情, 友情, 心情<br>進: 行進, 進出, 先進國 | 性: 性品, 性情, 女性<br>造: 造成, 造形, 人造 | 창작동화 | 그림자 없는 탑 2 | |
| | | | | | | 고사성어 | 走馬看山 | |
| | | | | | | 전래동화 | 두 개가 된 금덩이 | |
| | 15 | 225a~240a | 始 好 雲 雪 | 始: 始作, 元始, 始祖<br>雲: 星雲, 白雲, 靑雲 | 好: 同好人, 好意, 好感<br>雪: 白雪, 雪景, 雪山 | 창작동화 | 그림자 없는 탑 3 | |
| | | | | | | 고사성어 | 螢雪之功 | |
| | | | | | | 전래동화 | 구렁이 신랑 | |
| | 16 | 241a~256a | 복습 | 복습 | | 창작동화 | 그림자 없는 탑 4 | |
| | | | | | | 고사성어 | 苦盡甘來 | |
| | | | | | | 전래동화 | 바리공주 | |

# 구성내용

## G단계 교재별 구성내용은 이렇습니다

◆ 기탄교과서한자 G단계 호별 학습 내용 및 부교재

| 집 | 호 | | 학습 한자 | 학습 한자어 | 심화 영역 | | 부교재 |
|---|---|---|---|---|---|---|---|
| 1집 | 1 | 1a~16a | 果實夫婦美 | 果: 成果, 果實, 靑果, 無花果  實: 行實, 實力, 實生活, 口實  夫: 工夫, 夫子, 夫人, 漁夫  婦: 主婦, 夫婦, 婦人, 婦女子  美: 美化員, 美國人, 美人, 美化 | 인물 | 마크 트웨인 | 한자 카드 쓰기보따리 형성평가 |
| | | | | | 창작동화 | 소가 골라준 새 신랑 1 | |
| | | | | | 고사성어 | 改過遷善 | |
| | | | | | 기사문 | 돈 더 버는 아내 집안일 더 한다 | |
| | 2 | 17a~32a | 重要活動得 | 重: 重要, 所重, 貴重, 重大  要: 必要, 主要, 要求, 要所  活: 活用, 生活, 活字, 活力  動: 活動, 行動, 動力, 動作  得: 所得, 利得, 得失 | 인물 | 어네스트 톰슨 시튼 | |
| | | | | | 창작동화 | 소가 골라준 새 신랑 2 | |
| | | | | | 고사성어 | 錦衣還鄕 | |
| | | | | | 기사문 | 컬러식품 좋아줄아 | |
| | 3 | 33a~48a | 夜景成功者 | 夜: 夜食, 白夜, 夜光, 夜行  景: 風景, 光景, 山景, 雪景  成: 成長, 作成, 合成, 完成  功: 成功, 功臣, 年功, 功力  者: 記者, 富者, 步行者, 老弱者 | 인물 | 에디슨 | |
| | | | | | 창작동화 | 소가 골라준 새 신랑 3 | |
| | | | | | 고사성어 | 管鮑之交 | |
| | | | | | 기사문 | 日 간사이 5색 체험관광 | |
| | 4 | 49a~64a | 복습 | 복습 | 인물 | 퀴리부인 | |
| | | | | | 창작동화 | 소가 골라준 새 신랑 4 | |
| | | | | | 고사성어 | 刻舟求劍 | |
| | | | | | 기사문 | 재교육기관 노크 해보자 | |
| 2집 | 5 | 65a~80a | 時間空氣集 | 時: 日時, 時代, 同時, 時計  間: 人間, 山間, 時間, 中間  空: 空中, 空間, 空册, 空想  氣: 空氣, 香氣, 日氣, 大氣  集: 文集, 集中, 詩集, 集合 | 인물 | 장영실 | 한자 카드 쓰기보따리 형성평가 |
| | | | | | 창작동화 | 거짓말 시합 1 | |
| | | | | | 고사성어 | 刮目相對 | |
| | | | | | 기사문 | 귀성길 차 안에서 게임 한판 | |
| | 6 | 81a~96a | 現在協商事 | 現: 表現, 現金, 現地, 出現  在: 現在, 所在, 在京, 在來  協: 協同, 協力, 協心, 協定  商: 商人, 商品, 商去來, 協商  事: 人事, 行事, 工事, 記事 | 인물 | 록펠러 | |
| | | | | | 창작동화 | 거짓말 시합 2 | |
| | | | | | 고사성어 | 吳越同舟 | |
| | | | | | 기사문 | 폴크스바겐 노·사 대협상 | |
| | 7 | 97a~112a | 社會技能部 | 社: 社長, 會社, 社交, 入社  會: 大會, 面會, 立會  技: 長技, 技法, 技術, 技能  能: 技能, 能力, 可能, 才能  部: 部分, 一部分, 外部, 一部 | 인물 | 콜럼버스 | |
| | | | | | 창작동화 | 말 잘 듣는 효자 1 | |
| | | | | | 고사성어 | 羊頭狗肉 | |
| | | | | | 기사문 | 국가중대사 국민합의가 필요 | |
| | 8 | 113a~128a | 복습 | 복습 | 인물 | 앙리 뒤낭 | |
| | | | | | 창작동화 | 말 잘 듣는 효자 2 | |
| | | | | | 고사성어 | 完璧 | |
| | | | | | 기사문 | 시동 걸면 주행정보 짝~ | |
| 3집 | 9 | 129a~144a | 問答登場省 | 問: 問安, 問題, 反問  答: 問答, 答信, 正答, 回答  登: 登山, 登校, 登用  場: 市場, 工場, 入場, 場面  省: 反省, 自省, 省墓 | 인물 | 리스트 | 한자 카드 쓰기보따리 형성평가 |
| | | | | | 창작동화 | 냄새 맡은 값 1 | |
| | | | | | 고사성어 | 指鹿爲馬 | |
| | | | | | 기사문 | 침체의 잠에 취한 라인강의 기적 | |
| | 10 | 145a~160a | 春夏秋冬溫 | 春: 春川, 春香, 立春, 靑春  夏: 立夏, 春夏, 夏至  秋: 秋夕, 秋風, 春秋  冬: 冬至, 立冬, 春夏秋冬  溫: 氣溫, 溫室, 溫水 | 인물 | 김홍도 | |
| | | | | | 창작동화 | 냄새 맡은 값 2 | |
| | | | | | 고사성어 | 塞翁之馬 | |
| | | | | | 기사문 | 스키장 잘 넘어져야 안 다친다 | |
| | 11 | 161a~176a | 貴愛病死敬 | 貴: 貴重, 高貴, 富貴, 貴人  愛: 友愛, 愛國, 愛人, 愛犬  病: 問病, 白血病, 病室, 病名  死: 生死, 死亡者, 不死身, 病死  敬: 恭敬, 敬老, 敬老席, 敬語 | 인물 | 안중근 | |
| | | | | | 창작동화 | 아버지의 유서 1 | |
| | | | | | 고사성어 | 難兄難弟 | |
| | | | | | 기사문 | 은행나무 천국 부석사 가는길 | |
| | 12 | 177a~192a | 복습 | 복습 | 인물 | 황희 | |
| | | | | | 창작동화 | 아버지의 유서 2 | |
| | | | | | 고사성어 | 四面楚歌 | |
| | | | | | 기사문 | 서울과 워싱턴 마음을 열 때다 | |
| 4집 | 13 | 193a~208a | 物件發電書 | 物: 古物, 文物, 人物  件: 物件, 事件, 用件  發: 發生, 出發, 發明, 發見  電: 電力, 電子, 電車, 電氣  書: 文書, 古書, 書名 | 인물 | 벤자민 프랭클린 | 한자 카드 쓰기보따리 형성평가 |
| | | | | | 창작동화 | 선행과 쾌락 1 | |
| | | | | | 고사성어 | 三顧草廬 | |
| | | | | | 기사문 | 대한민국은 배달천국 | |
| | 14 | 209a~224a | 高低苦樂朝 | 高: 高音, 高溫, 高貴, 高見  低: 低溫, 低下, 低利, 低學年  苦: 苦生, 苦心, 苦行  樂: 音樂, 安樂, 樂山  朝: 王朝, 朝夕, 朝會 | 인물 | 루소 | |
| | | | | | 창작동화 | 선행과 쾌락 2 | |
| | | | | | 고사성어 | 脣亡齒寒 | |
| | | | | | 기사문 | 중소기업 그곳에도 길이 있다 | |
| | 15 | 225a~240a | 眞理學習賞 | 眞: 眞情, 眞空, 眞心  理: 心理, 原理, 眞理, 一理  學: 學年, 學生, 入學, 見學  習: 學習, 風習, 自習  賞: 賞品, 孝行賞, 大賞, 賞金 | 인물 | 전봉준 | |
| | | | | | 창작동화 | 아가씨와 우유 1 | |
| | | | | | 고사성어 | 守株待兎 | |
| | | | | | 기사문 | 들리지! 눈 쌓은 숲 생명의 소리 | |
| | 16 | 241a~256a | 복습 | 복습 | 인물 | 뢴트겐 | |
| | | | | | 창작동화 | 아가씨와 우유 2 | |
| | | | | | 고사성어 | 臥薪嘗膽 | |
| | | | | | 기사문 | 물건값 계산 … 약도 그리기 … | |

# 학부모 여러분, <기탄한자>는 이렇게 지도해 주세요

### 1. 학습자의 능력보다 낮은 단계에서 시작하세요.

기탄한자 A~G단계는 기초 한자부터 초등학교 교과서에 쓰인 한자어를 학습하는 프로그램입니다. 한글을 아는 유아에서부터 한자 학습의 경험이 있는 초등학교 6학년 학생을 대상으로 개발되었습니다. 그러나 한자 학습의 경험이 있는 아이라도, 학습자의 경험이나 능력보다 낮은 단계에서 시작하는 것이 바람직합니다. 특히 각 단계의 1집부터 순차적으로 학습해 나가는 것은 매우 중요합니다. 간혹 학부모님의 판단에 따라 단계의 생략은 가능하지만 2, 3집부터 시작하는 것은 옳지 않은 진도 진행입니다. 아이가 학습에 부담을 느끼지 않고 한자 공부는 쉽고 재미있다는 느낌을 가질 수 있도록 A단계 1집에서부터 시작하는 것이 가장 이상적인 출발점입니다.

### 2. 복습호는 반드시 부모님이 함께 해 주세요.

각 집(권)마다 앞서 배운 한자의 복습호가 구성되어 있습니다. 복습호에서는 항상 형성평가를 실시하여 학습 수용도를 점검합니다. 이 때 부모님이 반드시 채점을 해 주시고, 결과에 따라 적절한 칭찬과 동기유발이 필요합니다. 또 복습주마다 구성된 놀잇감(A~D단계)으로 아이와 함께 놀아 주세요.

### 3. 교재 구입 즉시 분책하여 사용하세요.

<기탄한자>는 구입 즉시 분책하여 사용할 수 있도록 매주 학습할 분량이 별도의 책으로 특수제본(4in1시스템)되어 있습니다. 보통 책은 1번 제본하는 것으로 끝나지만 <기탄한자>는 무려 5번의 제본 과정을 거쳐 제작되었습니다. 각 호가 끝날 때마다 새 책으로 공부하게 되므로 아이에게 성취감과 기대감을 갖게 하고 학습 효과도 극대화시켜 줍니다.

### 4. 매일 일정한 시간에 규칙적으로 학습하게 하세요.

하루 5~10분을 학습하더라도 규칙적으로 학습하는 것이 중요합니다. 1호 분량이 1주일(5일) 학습 분량이므로 한 번에 억지로 하지 않게 하고, 반대로 너무 많은 양을 한꺼번에 하는 것도 좋지 않습니다. 어렸을 때부터 조금씩 매일 매일 공부하는 습관을 길러 주도록 합니다.

### 5. 부모님이 직접 지도해 주세요.

<기탄한자>는 교사 방문 학습지와는 달리 아이 스스로 공부하고 부모님이 체크하는 자율적인 학습 모델을 채택하고 있습니다. 따라서 타 학습지 회사에서는 지도교사에게만 제공하는 지도 지침을 해당 호에 상세히 실었습니다. 각 호의 첫 장에 실린 '이렇게 도와주세요', '이번 주 학습포인트'에서는 한 주 동안의 지도 요점이 기재되어 있고, 각 페이지의 하단에도 지도 요점, 주의 사항 등을 기재하였습니다. 학부모님들이 <기탄한자>의 기획의도, 학습목표, 지도방법 등을 쉽게 이해하고 아이들에게 가르치기 편하도록 최대한 배려하였습니다.

### 6. 이미 익힌 한자는 아이가 실생활 속에서 활용하게 하세요.

아이가 이미 익힌 한자는 실생활 속에서 최대한 많은 사용 기회를 갖게 해 줍니다. 알았던 한자도 오랫동안 사용하지 않으면 잊혀지게 됩니다. 학습된 한자를 신문, 책, 대중매체, 인쇄물 등을 활용하여 확인하게 하고 글을 쓸 때 알고 있는 한자로 표현해 볼 기회를 자주 갖도록 합니다.

# 단계별 학습 한자와 한자능력검정시험 급수 배정 안내

| 단계 | 학습 한자 | 급수 응시 가이드 |
|---|---|---|
| **A단계** | • 8급 : 山, 日, 月, 火, 水, 木, 金, 土, 一, 二, 三, 四, 五, 六, 七, 八, 九, 十, 人, 大, 小, 中<br>• 7급 : 川, 百, 千, 口, 手, 足, 力, 上, 下<br>• 6급·6급Ⅱ : 目, 石  • 5급 : 耳  • 4급Ⅱ : 田, 玉 | A단계에서는 상형자, 지사자 중심의 기초한자 36자를 익혔습니다. 이는 한자능력검정시험 배정한자 중 **8급, 7급 배정한자 31자**와 **상위급수 한자 5자**가 포함됩니다. 학습자의 학년, 나이, 학습수용도에 따라 8급, 7급 이내에서 응시용 수험서(기탄급수한자 빨리따기)로 준비한 후 자격증 취득에 도전해 보세요. |
| **B단계** | • 8급 : 父, 母, 生, 門, 王, 白, 女<br>• 7급 : 子, 心, 車, 自, 工, 主, 里, 草, 花, 男, 夕, 面<br>• 6급·6급Ⅱ : 身, 風  • 5급 : 牛, 士, 己, 魚, 雨, 馬<br>• 4급Ⅱ : 羊, 鳥, 竹, 齒  • 4급 : 犬, 册, 舌<br>• 3급Ⅱ : 刀  • 3급 : 貝 | B단계에서는 상형자, 지사자 중심의 기초한자 36자를 익혔습니다. 이는 A단계 학습 한자부터 누적하면 한자능력검정시험 배정한자 중 **8급, 7급 배정한자 50자**와 **상위급수 한자 22자**가 포함됩니다. 학습자의 학년, 나이, 학습수용도에 따라 8급, 7급 이내에서 응시용 수험서(기탄급수한자 빨리따기)로 준비한 후 자격증 취득에 도전해 보세요. |
| **C단계** | • 8급 : 兄, 弟, 外<br>• 7급 : 文, 少, 出, 入, 內, 來, 立, 天, 地, 江, 食, 方, 左, 右<br>• 6급·6급Ⅱ : 言, 才, 交, 多, 光, 明, 行, 角, 古, 今, 衣, 向, 本, 分, 合<br>• 5급 : 化, 友, 去, 河, 臣, 兵, 卒, 末<br>• 4급Ⅱ : 血, 肉, 步, 毛, 蟲  • 4급 : 君  • 3급Ⅱ : 坐, 皮 | C단계에서는 형성자, 회의자를 중심으로 48자의 기초한자를 익혔습니다. 이는 A단계 학습 한자부터 누적하면 한자능력검정시험 배정한자 중 **7급 배정한자 67자, 6급·6급Ⅱ 배정한자 86자**와 **상위급수 한자 34자**를 익혔습니다. 학습자의 학년, 나이, 학습수용도에 따라 7급, 6급·6급Ⅱ 이내에서 응시용 수험서(기탄급수한자 빨리따기)로 준비한 후 자격증 취득에 도전해 보세요. |
| **D단계** | • 8급 : 靑, 長, 國, 東, 西, 南, 北<br>• 7급 : 色, 住, 所, 姓, 名, 有, 平, 老, 正, 直, 孝, 前, 後, 道, 全, 世, 家<br>• 6급·6급Ⅱ : 音, 利, 用, 公, 意, 弱, 短, 界, 聞, 童<br>• 5급 : 赤, 無, 思, 止, 法, 完, 善, 惡, 見, 兒<br>• 4급Ⅱ : 貧, 富, 忠, 走 | D단계에서는 형성자, 회의자를 중심으로 48자의 기초한자를 익혔습니다. 이는 A단계 학습 한자부터 누적하면 한자능력검정시험 배정한자 중 **7급 배정한자 91자, 6급·6급Ⅱ 배정한자 120자**와 **상위급수 한자 48자**를 익혔습니다. 학습자의 학년, 나이, 학습수용도에 따라 7급, 6급·6급Ⅱ 이내에서 응시용 수험서(기탄급수한자 빨리따기)로 준비한 후 자격증 취득에 도전해 보세요. |
| **E단계** | • 8급 : 寸, 民, 先, 年, 軍  • 7급 : 市, 同, 不, 字, 命, 祖<br>• 6급·6급Ⅱ : 京, 各, 由, 失, 反, 共, 幸, 表, 形, 和, 別, 章<br>• 5급 : 品, 具, 曲, 可, 原, 因, 告, 首, 元, 必, 知, 加, 相, 再<br>• 4급Ⅱ : 求, 回, 非, 未, 味, 香, 星, 單  • 4급 : 巨, 居, 異 | E단계에서는 형성자, 회의자를 중심으로 48자의 필수한자를 익혔습니다. 이는 A단계 학습 한자부터 누적하면 한자능력검정시험 배정한자 중 **7급 배정한자 102자, 6급·6급Ⅱ 배정한자 143자**와 **상위급수 한자 73자**를 익혔습니다. 학습자의 학년, 나이, 학습수용도에 따라 6급·6급Ⅱ, 5급 이내에서 응시용 수험서(기탄급수한자 빨리따기)로 준비한 후 자격증 취득에 도전해 보세요. |
| **F단계** | • 8급 : 室, 校  • 7급 : 休, 安, 海, 林, 村, 洞, 便, 記, 語<br>• 6급·6급Ⅱ : 信, 洋, 定, 注, 作, 使, 代, 感, 計, 始, 雪<br>• 5급 : 仙, 宅, 漁, 洗, 他, 位, 客, 材, 決, 流, 念, 情, 性, 雲<br>• 4급Ⅱ : 官, 容, 俗, 保, 守, 志, 想, 詩, 進, 造, 好<br>• 4급 : 仁 | F단계에서는 형성자, 회의자를 중심으로 48자의 필수한자를 익혔습니다. 이는 A단계 학습 한자부터 누적하면 한자능력검정시험 배정한자 중 **7급 배정한자 113자, 6급·6급Ⅱ 배정한자 165자**와 **상위급수 한자 99자**를 익혔습니다. 학습자의 학년, 나이, 학습수용도에 따라 6급·6급Ⅱ, 5급 이내에서 응시용 수험서(기탄급수한자 빨리따기)로 준비한 후 자격증 취득에 도전해 보세요. |
| **G단계** | • 8급 : 學<br>• 7급 : 夫, 重, 活, 動, 時, 間, 空, 氣, 事, 問, 答, 登, 場, 春, 夏, 秋, 冬, 物, 電<br>• 6급·6급Ⅱ : 果, 美, 夜, 成, 功, 者, 集, 現, 在, 社, 會, 部, 省, 溫, 愛, 病, 死, 發, 書, 高, 苦, 樂, 朝, 理, 習<br>• 5급 : 實, 要, 景, 商, 技, 能, 貴, 敬, 件, 賞<br>• 4급Ⅱ : 婦, 得, 協, 低, 眞 | G단계에서는 형성자, 회의자를 중심으로 60자의 필수한자를 익혔습니다. 이는 A단계 학습 한자부터 누적하면 한자능력검정시험 배정한자 중 **7급 배정한자 133자, 6급·6급Ⅱ 배정한자 210자**와 **상위급수 한자 114자**를 익혔습니다. 학습자의 학년, 나이, 학습수용도에 따라 6급·6급Ⅱ, 5급 이내에서 응시용 수험서(기탄급수한자 빨리따기)로 준비한 후 자격증 취득에 도전해 보세요. |

※ 이 표는 기탄한자 학습 후 한자능력검정시험 자격증 취득의 연계를 위한 지침입니다. 학습자의 학습경험이나 상태에 따라 개별적인 지침이 달라질 수 있습니다.

호

기탄교과서한자 F단계 1집 1a~16a

F1집

1a-64a

### 4 in 1 시스템

**기탄교과서한자는 학습효과를 극대화하기 위해 매주 학습할 분량이 별도의 책으로 특수제본되어 있습니다.**

본 교재는 1권의 책 속에 1주일 학습할 분량의 교재 4권이 들어 있는 4 in 1 시스템으로 제본되어 있습니다. 따라서 4권의 책으로 분리되는 것이 정상적인 제본이며, 호별로 빼내어 학습하시면 아주 효과적입니다.

1a-16a

초등 교과서 한자어를 총체 분석한 어휘력 향상 한자 학습 프로그램

# 기탄 교과서 한자

공부한 날  월  일 ~  월  일

교          반

이름        전화

www.gitan.co.kr

## F단계 학습 한자 일람

| | F단계 | | | | | | |
|---|---|---|---|---|---|---|---|
| 1집 | 仁,仙,信,休 | 2집 | 他,位,俗,保 | 3집 | 決,洞,注,流 | 4집 | 計,記,語,詩 |
| | 安,宅,官,容 | | 守,室,客,定 | | 便,作,使,代 | | 情,性,進,造 |
| | 海,洋,漁,洗 | | 林,村,材,校 | | 念,志,感,想 | | 始,好,雲,雪 |
| | 복습 | | 복습 | | 복습 | | 복습 |

## 학습 진단 관리표

| | 한자 | | 한자어 | |
|---|---|---|---|---|
| | 읽기 | 쓰기 | 읽기 | 쓰기 |
| 금주평가 | Ⓐ 아주 잘함 | Ⓐ 아주 잘함 | Ⓐ 아주 잘함 | Ⓐ 아주 잘함 |
| | Ⓑ 잘함 | Ⓑ 잘함 | Ⓑ 잘함 | Ⓑ 잘함 |
| | Ⓒ 보통 | Ⓒ 보통 | Ⓒ 보통 | Ⓒ 보통 |
| | Ⓓ 노력해야 함 | Ⓓ 노력해야 함 | Ⓓ 노력해야 함 | Ⓓ 노력해야 함 |

지도 교사가 부모님께

### 이번 주는

- 학습방법  ❶ 매일매일  ❷ 가끔  ❸ 한꺼번에 하였습니다.
- 학습태도  ❶ 스스로 잘  ❷ 시켜서 억지로 하였습니다.
- 학습흥미  ❶ 재미있게  ❷ 싫증내며 하였습니다.
- 교재내용  ❶ 적합하다고  ❷ 어렵다고  ❸ 쉽다고 하였습니다.

부모님이 지도 교사께

| 종합평가 | Ⓐ 아주 잘함 | Ⓑ 잘함 | Ⓒ 보통 | Ⓓ 노력해야 함 |
|---|---|---|---|---|

## 이번 주 학습 포인트

**1일차** (1a~3b)
- E단계에서 배운 한자 居, 章, 異, 再의 훈, 음, 형, 한자어를 복습합니다.
- F단계에서는 공통점이 있는 한자를 학습하므로 공통점을 스스로 찾아봅니다.
- 仁, 仙, 信, 休의 용례를 문장 속에서 찾아보고 한자어의 쓰임을 익힙니다.

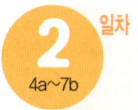
**2일차** (4a~7b)
- 알아보기를 통하여 仁, 仙, 信, 休의 3요소와 필순, 부수를 학습합니다.
- 부수가 공통적으로 亻(사람 인)임을 알고 亻이 쓰인 한자는 주로 사람과 관련된 뜻으로 쓰임을 이해합니다.

**3일차** (8a~10b)
- 만화로 고사성어 天高馬肥의 뜻과 쓰임을 알아보고 적절하게 사용할 수 있습니다.
- 仁, 仙과 다른 한자를 결합하여 만든 仁祖, 仁川, 仙女, 水仙花 등의 한자어를 익힙니다.

**4일차** (11a~13b)
- 동화 '달밤에 얻은 행운'을 읽고 학습한 한자를 문장 속에 활용해 익힙니다.
- 念(생각 념), 息(숨쉴 식)은 아직 배우지 않은 한자이므로 훈음 읽기 위주로 학습합니다.

**5일차** (14a~16a)
- 전래동화 '빨간 부채 파란 부채'를 읽고 한자를 이야기 속에 적용하여 풀이합니다.
- 풀어보기, 형성평가를 통해 학습한자를 정리하고 '열 두 동물의 달리기 대회'를 읽고 띠에 관련된 내용을 알아봅니다.

**1.** 다음 빈 칸에 알맞게 쓰세요.

| 居 | 살 |  |  | 章 |  | 장 |
|---|---|---|---|---|---|---|
| 再 | 거듭 |  |  |  | 다를 | 이 |

**2.** 다음 빈 칸에 알맞은 훈음을 쓰세요.

**3.** 다음 보기 에서 알맞은 한자어를 찾아 쓰세요.

보기: 文章    住居    異意    再生

住居 : 사람이 일정한 곳에 머물러 삶

☐ : 다른 의견이나 의사

☐ : 어떤 생각이나 내용을 글로 나타낸 것

☐ : 다시 살아남. 버리게 된 물건을 다시 쓸 수 있게 만든 것

**4.** 다음 보기 에서 알맞은 음을 찾아 쓰세요.

보기: 주거    재생    이의    문장

- 지금은 대단위 住居 ☐☐ 단지가 들어섰다.
- 책을 많이 읽으면 文章 ☐☐ 을 짓는 솜씨가 좋아진다.
- 再生 ☐☐ 비누는 값도 싸지만 품질도 일반 비누에 비해 떨어지지 않는다.
- 의장님! 異意 ☐☐ 있습니다!

## 仁 찾아보기

仁이 쓰인 문장을 읽고 빈 칸에 한자어의 음을 쓰세요.

이원익은 조선 시대에 선조, 광해군, 仁祖(인조) 세 임금에 걸쳐 영의정을 지낸 분입니다. 임진왜란 때에는 적을 막는 일에 많은 공을 세웠습니다.

仁祖

오늘 우리 반에 새로운 친구가 전학을 왔다. 仁川(인천)에서 이사왔고 축구를 좋아한다고 했다.

仁川

확인하기  祖 : 할아버지 조(E4-14)  • 祖는 E단계 4집 14호에서 학습한 한자입니다.    川 : 내 천(A1-1)  • 川은 A단계 1집 1호에서 학습한 한자입니다.

F1-2a 기탄한자

仙이 쓰인 문장을 읽고 빈 칸에 한자어의 음을 쓰세요.

동산 위에 올라서서 파란 하늘 바라보며 천사 얼굴 **仙女(선녀)** 얼굴 마음 속에 그려봅니다.

仙女

**水仙花(수선화)**는 그리스 신화에서 물에 비친 자신의 모습에 반해 물 속에 몸을 던진 나르시스가 꽃으로 태어난 것이라 전해진다.

水仙花

女 : 여자 녀(B4-14)   水 : 물 수(A1-2)   花 : 꽃 화(B4-13)

信이 쓰인 문장을 읽고 빈 칸에 한자어의 음을 쓰세요.

농장에 모인 사람들은 감사한 마음으로 열심히 일했습니다. 그들은 점차 잃어버린 **信用(신용)**을 회복할 수 있게 되었습니다.

영호는 학교 운동장에서 자전거를 탔습니다. 운동장을 여러 바퀴 돌고 나니 자전거 타는 데에 **自信(자신)**이 생겼습니다.

확인하기  用 : 쓸 용(D1-3)   自 : 스스로 자(B2-6)

休가 쓰인 문장을 읽고 빈 칸에 한자어의 음을 쓰세요.

도서관은 매일 오전 9시부터 오후 6시까지 문을 엽니다. 국경일이나 설날, 추석과 같은 **公休日(공휴일)**에는 문을 열지 않습니다.

화산은 크게 활화산 · **休火山(휴화산)** · 사화산으로 분류할 수 있다.

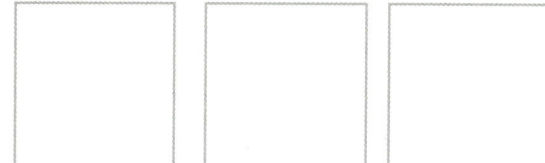

확인하기  公 : 공평할 공(D2-5)   日 : 날/해 일(A1-1)   火 : 불 화(A1-2)   山 : 산/뫼 산(A1-1)

🔍 仁의 훈과 음을 읽어 보세요.

훈 : 어질   음 : 인

🔍 仁이 만들어진 유래를 알아보세요.

亻(사람 인, 人의 변형)과 二(둘 이)를 합하여 만든 한자입니다. 두(二) 사람(人)이 친하게 지냄을 뜻하는 데서 어질다라는 뜻을 나타내었고 어진 마음이나 아름다운 행동을 뜻하는 한자입니다.

🔍 빈 칸에 알맞게 쓰세요.

仁은 [　　　] (사람 인) 과 [　　　] (둘 이) 를 합한 한자로

훈은 [　　] 이고, 음은 [　　] 입니다.

**확인하기**  人 : 사람 인(A3-11)   二 : 둘 이(A2-5)   • 이번 주에는 亻이 공통적으로 부수로 쓰인 한자를 학습합니다.
• 亻이 부수로 쓰인 한자는 주로 사람과 관련 있는 뜻을 지니고 있습니다.

🔍 仁의 부수와 총획수를 알아보고 빈 칸에 알맞게 쓰세요.

**仁**
어질 인

부수 – 亻    총획 – 4획

▶ 亻은 '사람 인' 입니다
▶ 亻은 한자의 왼쪽에 쓰이면 '사람 인변' 으로 읽습니다.

· 仁의 **훈**은 [    ] 이고, **음**은 [    ] 입니다.

· 仁의 **부수**는 [    ] 이고, **총획**은 [    ] 입니다.

✏️ 仁의 필순을 알아보고 알맞게 쓰세요.

　ノ　亻　仁　仁

확인하기 · 仁은 주로 '착한 행실' 을 의미할 때 쓰입니다.

## 仙 알아보기

📖 仙의 훈과 음을 읽어 보세요.

훈 : 신선   음 : 선

🔍 仙이 만들어진 유래를 알아보세요.

亻 + 山 → 仙

사람 인 　　산/뫼 산

亻(사람 인, 人의 변형)과 山(산/뫼 산)을 합해 만든 한자입니다. 산(山)에서 살면서 도를 닦은 사람(人), 즉 속세에서 벗어난 신선을 나타낸 한자입니다.

✏️ 빈 칸에 알맞게 쓰세요.

仙은 ☐(사람 인)과 ☐(산/뫼 산)을 합한 한자로 훈은 ☐ 이고, 음은 ☐ 입니다.

확인하기　人 : 사람 인(A3-11)　　山 : 산/뫼 산(A1-1)

🌙 仙의 부수와 총획수를 알아보고 빈 칸에 알맞게 쓰세요.

仙
**신선 선**

부수 – 亻   총획 – 5획

▶ 亻은 '사람 인' 입니다
▶ 亻은 한자의 왼쪽에 쓰이면 '사람 인변' 으로 읽습니다.

· 仙의 **훈**은 ☐ 이고, **음**은 ☐ 입니다.
· 仙의 **부수**는 ☐ 이고, **총획**은 ☐ 입니다.

✍ 仙의 필순을 알아보고 알맞게 쓰세요.

丿 亻 仢 仙 仙

[확인하기] • 人이 부수로 쓰이면 亻으로 모양이 바뀌고 한자의 왼쪽에 쓰이게 되므로 '사람 인변' 이라고 합니다.

📖 信의 훈과 음을 읽어 보세요.

훈:믿을  음:신

🌱 信이 만들어진 유래를 알아보세요.

사람 인    말씀 언

亻(사람 인, 人의 변형)과 言(말씀 언)을 합해 만든 한자입니다. 사람(人)에게 있어 말(言)은 가장 중요한 마음의 소리임을 나타낸 한자로 참되다, 믿다의 뜻을 나타냅니다.

✍ 빈 칸에 알맞게 쓰세요.

信은 ☐ (사람 인) 과 ☐ (말씀 언) 을 합한 한자로

훈은 ☐ 이고, 음은 ☐ 입니다.

確認하기  人 : 사람 인(A3-11)   言 : 말씀 언(C1-1)   • 信은 사람의 말은 믿음이 있어야 한다는 의미입니다.

📖 信의 부수와 총획수를 알아보고 빈 칸에 알맞게 쓰세요.

信
믿을 신

부수 – 亻    총획 – 9획

▶ 亻은 '사람 인' 입니다
▶ 亻은 한자의 왼쪽에 쓰이면 '사람 인변' 으로 읽습니다.

· 信의 **훈**은 ☐ 이고, **음**은 ☐ 입니다.

· 信의 **부수**는 ☐ 이고, **총획**은 ☐ 입니다.

✏️ 信의 필순을 알아보고 알맞게 쓰세요.

丿 亻 亻 亻 亻 信 信 信

信 信 信 信

📖 休의 훈과 음을 읽어 보세요.

훈 : 쉴  음 : 휴

🔍 休가 만들어진 유래를 알아보세요.

| | | | | |
|---|---|---|---|---|
| 🌳👤 ➡ | 亻 | + | 木 | ➡ 休 |
| | 사람 인 | | 나무 목 | |

亻(사람 인, 人의 변형)과 木(나무 목)이 합해져 만들어진 한자입니다. 사람(人)이 나무(木)에 기대어 쉰다는 데서 쉬다라는 뜻을 나타낸 한자입니다.

✏️ 빈 칸에 알맞게 쓰세요.

休는 ☐ (사람 인) 과 ☐ (나무 목) 을 합한 한자로
훈은 ☐ 이고, 음은 ☐ 입니다.

확인하기  人 : 사람 인(A3-11)   木 : 나무 목(A1-3)

F1-7a 기탄한자

🔍 休의 부수와 총획수를 알아보고 빈 칸에 알맞게 쓰세요.

休
쉴 휴

부수 - 亻    총획 - 6획

▶ 亻은 '사람 인' 입니다
▶ 亻은 한자의 왼쪽에 쓰이면 '사람 인변' 으로 읽습니다.

· 休의 **훈**은 [    ] 이고, **음**은 [    ] 입니다.

· 休의 **부수**는 [    ] 이고, **총획**은 [    ] 입니다.

✏️ 休의 필순을 알아보고 알맞게 쓰세요.

ノ 亻 亻 什 仕 休

休  休  休  休

**확인하기** · 休는 休(體 : 몸 체의 약자)와 구별하도록 유의합니다.

기탄한자 F1-7b

天 高 馬 肥

天 : 하늘 **천**　高 : 높을 **고**　馬 : 말 **마**　肥 : 살찔 **비**

하늘이 높고 말이 살찐다는 뜻. 곧 하늘이 맑고 오곡백과가 무르익는 가을을 형용하여 이르는 말입니다.

북방 변경의 중국인들은 하늘이 높고 말이 살찌는 계절(즉 활동하기 좋은 가을을 이름)만 되면 흉노족이 침입하던 것을 두려워하였다는 데서 유래된 성어입니다.

仁으로 漢字語 만들기

보기 와 같이 빈 칸에 알맞게 쓰세요.

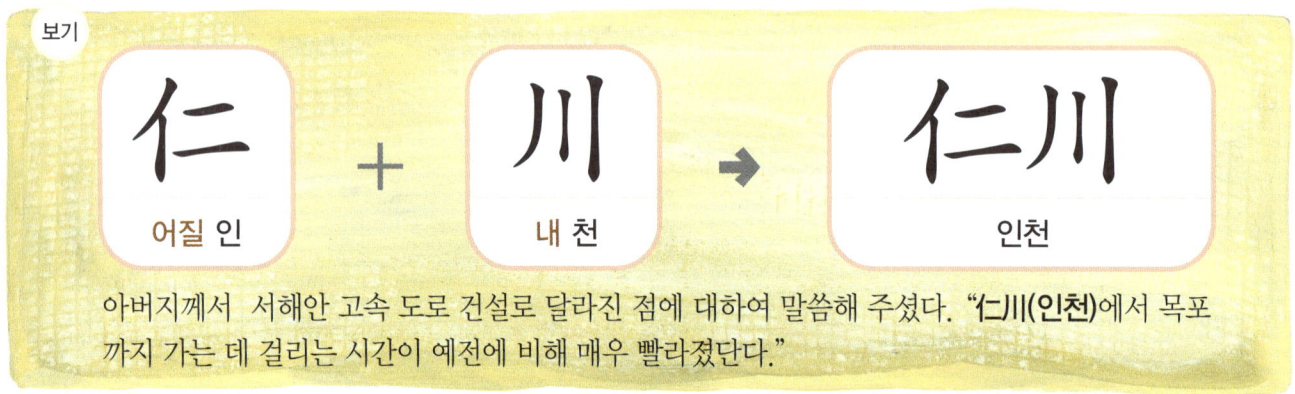

보기

仁 (어질 인) + 川 (내 천) → 仁川 (인천)

아버지께서 서해안 고속 도로 건설로 달라진 점에 대하여 말씀해 주셨다. "仁川(인천)에서 목포까지 가는 데 걸리는 시간이 예전에 비해 매우 빨라졌단다."

1.

(어질 인) + 祖 (할아버지 조) → 仁祖 (인조)

仁祖(　　　)는 이원익의 낡은 초가를 새 집으로 지어 주었습니다. 이원익이 나라에 큰 공을 세웠지만 낡은 초가에 살고 있었기 때문이었습니다.

2.

(어질 인) + 君 (임금 군) → 仁君 (인군)

그는 왕실의 권위에 도전하는 신하들로부터 세자를 지켜, 仁君(　　　)으로 자라게 하는 데 온 힘을 기울였다.

확인하기  川 : 내 천 (A1-1)   祖 : 할아버지 조 (E4-14)   君 : 임금 군 (C4-13)

🖊 仁을 필순에 맞게 쓰세요.

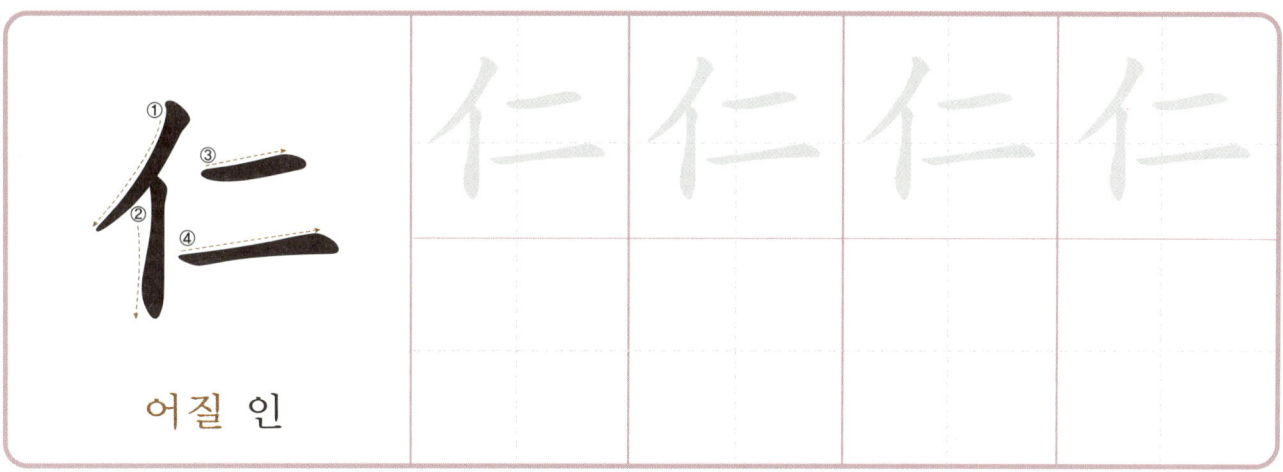

어질 인

📖 빈 칸에 仁을 써 넣어 한자어를 만들고, 그 뜻을 읽어 보세요.

  川  川  川

仁川(인천) : 경기도 중서부의 광역시

 　 君 　 君 　 君

仁君(인군) : 어진 임금

 　 祖 　 祖 　 祖

仁祖(인조) : 조선의 제 16대 임금. 선조의 손자이고 아버지는 정원군, 어머니는 인헌왕후이다. 두 차례의 호란을 겪었고 양전, 대동법을 시행하였다. 군제를 정비하였으며 대학자, 대정치가도 배출하였다.

보기 와 같이 빈 칸에 알맞게 쓰세요.

**보기**

| 仙 | + | 女 | → | 仙女 |
|---|---|---|---|---|
| 신선 선 | | 여자 녀 | | 선녀 |

나무꾼은 오늘도 콧노래를 흥얼거리며 산에 올랐습니다. 앗! 그런데 저만치 폭포 아래에서 아름다운 **仙女(선녀)**들이 목욕을 하고 있는 것이었어요.

1. 水 + ☐ + 花 → 水仙花
   물 수 / 신선 선 / 꽃 화 / 수선화

할아버지는 베란다에 작은 화단을 가꾸고 계십니다. **水仙花(　　　)**, 과꽃, 맨드라미, 샐비어 등이 예쁘게 피어납니다. 우리 가족은 할아버지의 화단을 모두 좋아합니다.

2. ☐ + 人 → 仙人
   신선 선 / 사람 인 / 선인

그 곳에 도착했을 때의 절경은 말로 표현하기 어려웠다. 물안개가 피어 오른 계곡에서는 **仙人(　　　)**들이 노니는 듯한 나무 다리가 세월을 그대로 머금고 있었다.

확인하기　女 : 여자 녀(B4-14)　水 : 물 수(A1-2)　花 : 꽃 화(B4-13)　人 : 사람 인(A3-11)

F1-10a 기탄한자

仙을 필순에 맞게 쓰세요.

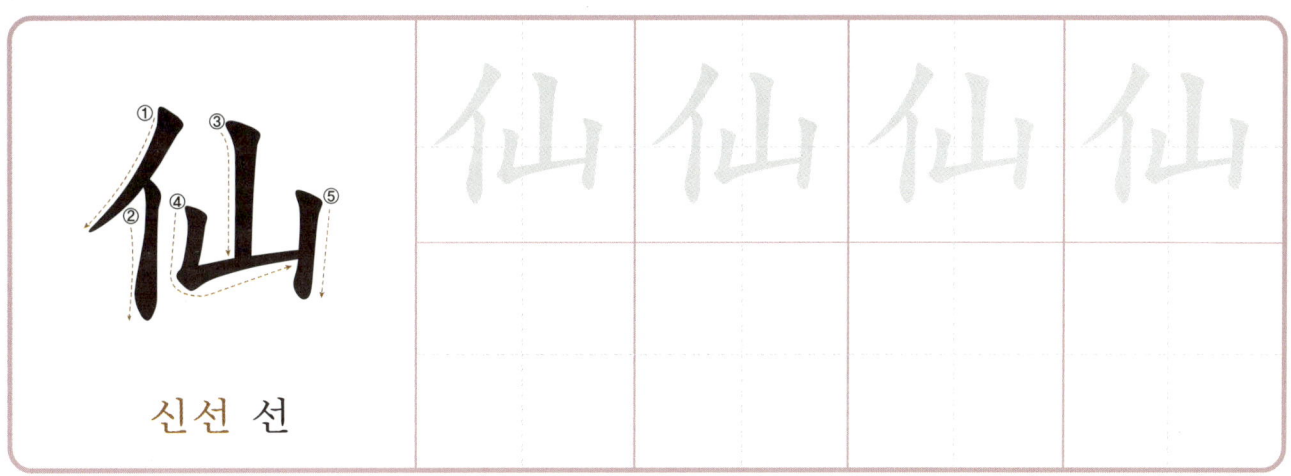

신선 선

빈 칸에 仙을 써 넣어 한자어를 만들고, 그 뜻을 읽어 보세요.

 女　　 女　　 女

仙女(선녀) : 선경에 산다는 여자 신선

水　花　　水　花

水仙花(수선화) : 수선화과의 다년초. 지중해 연안 원산의 관상 식물

人　　人　　 人

仙人(선인) : 신선. 선도를 닦아 신통력을 얻은 사람

"오늘같이 성스러운 보름달이 뜨는 밤엔 달빛에 금화가 모습을 드러내지. 마침 이곳을 지나가는 그대에게 선물로 금화 세 개를 주마. 욕심부리지 말고 딱 세 개만 가지거라. 그 이상은 아무 意味☐☐가 없을 것이니라!"

"아이고, 정말로 고맙습니다요."

노인이 사라지자 사내는 굳게 믿었어요.

"저 노인이 말로만 듣던 신선☐임이 틀림없어."

산꼭대기까지 올라온 사내는 뒤를 돌아보았습니다. 그런데 지금까지 자기가 걸어온 산 중턱이 온통 금화투성이가 아니겠어요?

"온 산이 금화로 덮였는데 내가 가진 건 고작 세 개뿐이라니…….
더 많이 가지고 가도 별일 없겠지?"

— 계속 —

意 : 뜻 의 (D2-5)    味 : 맛 미 (E3-11)

보기 와 같이 빈 칸에 알맞게 쓰세요.

보기

信 (믿을 신) + 用 (쓸 용) → 信用 (신용)

信用(신용)카드 사용이 보편화되었습니다.

1. 自 (스스로 자) + ☐ (믿을 신) → 自信 (자신)

우식이는 추석날 열릴 동네 씨름대회에서 이겨 소를 끌고 돌아올 생각에 마음이 들떴습니다. 난 自信(　　　)있어!

2. ☐ (믿을 신) + 念 (생각 념) → 信念 (신념)

유관순은 감옥에 갇혔다. 그렇지만 우리 나라가 독립을 해야 한다는 유관순의 信念(　　　)은 누구도 꺾을 수 없었다.

확인하기 用 : 쓸 용 (D1-3)　　自 : 스스로 자 (B2-6)　　念 : 생각 념 (F3-11)

信을 필순에 맞게 쓰세요.

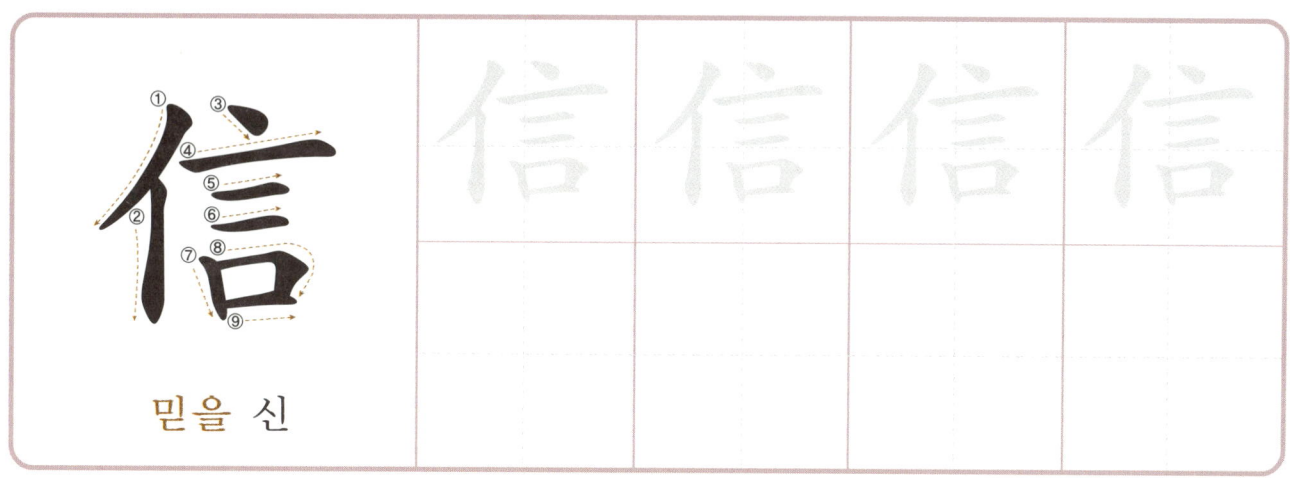

민을 신

빈 칸에 信을 써 넣어 한자어를 만들고, 그 뜻을 읽어 보세요.

| | 用 | | 用 | | 用 |

信用(신용) : 언행이나 약속이 틀림이 없을 것으로 믿음

| 自 | | 自 | | 自 | |

自信(자신) : 어떤 일에 넉넉히 담당할 수 있다고 스스로 믿음

| | 念 | | 念 | | 念 |

信念(신념) : 굳게 믿어 의심하지 않는 마음

보기 와 같이 빈 칸에 알맞게 쓰세요.

**보기**

公 (공평할 공) + 休 (쉴 휴) + 日 (날/해 일) → 公休日 (공휴일)

이번 **公休日**(공휴일)에 부모님과 함께 어린이대공원에 놀러 갔습니다.

1. ☐ (쉴 휴) + 火 (불 화) + 山 (산/뫼 산) → 休火山 (휴화산)

   미국 하와이 주의 할레아칼라 국립공원에는 화산이 폭발한 적 있으나, 지금은 잠잠한 즉, **休火山**(　　　)이 있다.

2. ☐ (쉴 휴) + 息 (숨쉴 식) → 休息 (휴식)

   잠시 **休息**(　　　)을 취한 뒤, 할 수 있다는 자신감을 가지니, 힘이 새로 솟는 듯하였습니다.

**확인하기** 公 : 공평할 공 (D2-5)　日 : 날/해 일 (A1-1)　火 : 불 화 (A1-2)　山 : 산/뫼 산 (A1-1)　息 : 숨쉴 식

• 休(쉴 휴)와 息(숨쉴 식)은 서로 의미가 비슷한 한자입니다.

休를 필순에 맞게 쓰세요.

休 休 休 休 休
쉴 휴

빈 칸에 休를 써 넣어 한자어를 만들고, 그 뜻을 읽어 보세요.

　公　日　　公　日

**公休日**(공휴일) : 공적으로 정해진 휴일

　　火 山　　　　火 山

**休火山**(휴화산) : 한때 분화한 일이 있으나 지금은 활동하지 않는 화산

　　息　　　息　　　息

**休息**(휴식) : 일을 하거나 길을 가다가 잠깐 쉬는 일

# 옛날이야기로 배우는 漢字

전래동화를 읽고 물음에 답하세요.

## 빨간부채 파란부채

아주 오랜 옛날, 한 나무꾼 할아버지가 빨간부채와 파란부채를 주웠습니다. 그 부채는 아주 신기한 요술부채였어요. 빨간부채를 부치면 코가 점점 길어지고, 파란부채를 부치면 코가 다시 원래대로 돌아오는 게 아니겠어요?

어느 날, 할아버지는 동네 아낙네 뒤를 걸어가면서 빨간부채를 부쳤어요. 그러자 코가 점점 길어져, 그 아낙의 등을 툭! 건드렸지요. 그러고는 얼른 다시 파란부채를 부쳤어요.

아낙네가 놀라서 뒤를 돌아봤지만, 뒤에는 할아버지 한 사람밖에 없었지요. 할아버지는 재미 있어서 데굴데굴 굴렀어요. 그렇게 실컷 사람들을 골탕먹이다가, 그것에도 싫증이 난 할아버지는 엉뚱한 생각을 해냈어요.

'빨간부채를 자꾸만 부치면 코가 얼마나 길어질까?'

할아버지는 온종일 부채질을 했습니다. 결국 할아버지의 코는 끝이 보이지 않게 늘어나서 하늘을 뚫고 올라가 버렸지요. 그 코를 본 하늘 나라 임금님은 화를 내며 ㉠<u>선녀</u>들에게 명령했습니다.

"감히 하늘을 뚫고 들어오다니! 저 버릇없는 코를 기둥에 묶어 두어라!"

얼마 뒤에 할아버지는 코를 되돌려 놓으려고 파란부채를 부쳤어요. 하지만 코가 기둥에 묶여 있었기 때문에 할아버지의 몸은 둥실둥실 떠올라 하늘 나라에까지 다다랐습니다.

"네 이놈! 그 부채를 가지고 다시 한 번 사람들에게 못된 장난을 칠 테냐! 네가 ㉡<u>어진 마음</u>을 갖지 않는다면 코를 풀어주지 않겠다!"

이렇게 하늘 나라 임금님에게 혼쭐이 난 할아버지는 손이 발이 되도록 빌어 겨우 풀려났어요. 그리고 그 후로 다시는 부채질을 하지 않았다고 합니다.

1. ㉠을 한자로 바꾸어 쓰세요.

2. ㉡을 한자로 바르게 쓴 것을 고르세요.
   ① 仁心   ② 人心   ③ 仙心   ④ 信心

톡톡톡 짧은 글짓기

이번 주에 배운 한자어를 넣어, 그림의 상황에 어울리게 짧은 글을 지어 보세요.

仙女

公休日

1. 서로 관련 있는 것끼리 선으로 이으세요.

   仁 · · 신선 · · 휴

   仙 · · 어질 · · 인

   信 · · 믿을 · · 선

   休 · · 쉴 · · 신

2. 다음 빈 칸에 공통적으로 들어갈 한자를 보기 에서 찾아 쓰세요.

   보기    休    仁    仙    信

   □화산    공□일    □식 ······ □

   □인    □녀    수□화 ······ □

   자□    □용    □념 ······ □

   □조    □군    □천 ······ □

**3.** 다음 밑줄 친 낱말의 뜻에 알맞은 한자를 쓰세요.

- 산에서 도를 닦던 그 노인은 **신선**(　　)이 되어 하늘로 올라갔다.
- "역시, 저 느림보 거북은 내 상대가 아냐! 난 그늘에서 잠시 **쉬어야**(　　) 겠다."
- 그 **어진**(　　) 선비는 마을 사람들의 존경을 받았다.
- 친구 간이나 부부 간에는 **믿음**(　　)이 중요하다.

**4.** 서로 관련 있는 것끼리 선으로 이으세요.

| 仁 | 仙 | 信 | 休 |
|---|---|---|---|

| 亻- 총5획 | 亻- 총6획 | 亻- 총4획 | 亻- 총9획 |
|---|---|---|---|

**5.** 다음 빈 칸에 알맞은 한자어를 보기에서 찾아 쓰세요.

보기: 公休日　　水仙花　　仙女　　信用

- 언니의 결혼식 날, 언니는 하늘에서 내려온 □□(선녀)처럼 예뻤다.
- 5월은 유난히 □□□(공휴일)이 많은 달이다.
- 우리 엄마는 차분하면서도 아름다운 모습이 꼭 □□□(수선화) 같다
- 아빠는 사람을 평가할 때 가장 먼저 고려하는 점이 바로 □□(신용)이라고 한다.

# 열 두 동물의 달리기 대회

아득한 옛날에, 하느님이 모든 짐승들을 불러 말했습니다.
"정월 초하루날 아침 나한테 세배하러 오도록 하여라! 빨리 오면 일등상을 주고 12등까지는 입상하기로 한다."
이 소식을 들은 모든 동물들은 서로가 '제일 먼저 가야지' 하고 신이 났습니다.

그러나 소만은 자신이 없었습니다. 말이나 개나 호랑이에게는 어림도 없고 돼지나 토끼에게도 이길 자신이 없었던 것입니다. 그래서 소는 워낙 '소걸음'이니까 남보다 일찍 출발해야겠다고 생각했습니다. 이리하여 우직한 소는 남들이 다 잠든 그믐날 밤에 길을 떠났습니다. 눈치 빠른 쥐가 이것을 보고 잽싸게 소등에 올라탔습니다.

드디어 소는 정월 초하루날 동이 틀 무렵에 하느님 궁궐 앞에 도착했습니다.
궁궐의 문이 열리는 순간, 쥐가 날쌔게 한발 앞으로 뛰어 내려 소보다 먼저 문 안에 들어와서 소를 제치고 일등이 되었습니다.
천리를 쉬지 않고 달리는 호랑이는 3등이 되었고 달리기에 자신이 있는 토끼도 도중에 낮잠을 자는 바람에 4등이 되고 그 뒤를 이어 용, 뱀, 말, 양, 원숭이, 닭, 개, 돼지의 차례로 골인했습니다.

여기에서 12가지 땅의 기운을 나타내는 12지지(地支)를 동물로 나타낼 때의 순서가 정해지게 되었다고 합니다.

| 쥐 → 子(자) | 소 → 丑(축) | 호랑이 → 寅(인) | 토끼 → 卯(묘) |
|---|---|---|---|
| 용 → 辰(진) | 뱀 → 巳(사) | 말 → 午(오) | 양 → 未(미) |
| 원숭이 → 申(신) | 닭 → 酉(유) | 개 → 戌(술) | 돼지 → 亥(해) |

다음 보기 에서 알맞은 한자어를 찾아 쓰세요.

보기   仙女   仁君   信用   水仙花

17. 인 □ 군 □

18. 신 □ 내 □

19. 수 □ 선 □ 화 □

20. 신 □ 용 □

| 평가 결과 및 향후 진도 | |
|---|---|
| 정답 수 | |
| 16~20문항 | 잘했어요. F1집 2호로 진행하세요. |
| 11~15문항 | 부족해요. 틀린 문제의 한자를 다시 학습한 후 F1집 2호로 진행하세요. |
| 10문항 이하 | 많이 부족해요. 이번 호를 복습한 후 다음 호로 진행하세요. |

亻(사람 인, 人의 변형)과 木(나무 목)이 합쳐진 글자입니다. 사람(人)이 나무(木)에 기대어 쉰다는 데서 쉬다라는 뜻을 나타낸 한자입니다.

## 다음 한자어의 음을 쓰세요.

5. 仁川 ☐☐

6. 休火山 ☐☐☐

7. 自信 ☐☐

8. 仙人 ☐☐

## 다음 〈보기〉에서 알맞은 한자어를 찾아 쓰세요.

〈보기〉 仁川　仙人　公休日　水仙花

9. 공적으로 정해진 휴일 ………… ☐☐☐

10. 신선, 선도를 닦아 신통력을 얻은 사람 ………… ☐☐

# 기탄교과서 한자 형성평가

## F단계 1호

날짜    월    일    점수

다음 물음에 답하세요.

1. 다음 한자와 음이 바르게 연결된 것을 고르세요.

① 休 - 인    ② 仙 - 션    ③ 仁 - 신    ④ 信 - 유

2. 다음 한자와 훈이 바르게 연결되지 않은 것을 고르세요.

① 仁 - 어질    ② 信 - 믿음    ③ 休 - 쉴    ④ 仙 - 향기

3. 다음 빈 칸에 알맞은 한자와 훈음을 쓰세요.

亻 + 山 →  →  ☐ ☐

4. 다음 설명에 알맞은 한자를 쓰세요.

※ 왼쪽의 한자어가 되도록 바르게 연결하세요.

11. 신용 · · 自 仁 祖
12. 인조 · · 仁 用
13. 자신 · · 信 人
14. 선인 · · 仙 信

※ 다음 빈 칸에 알맞은 한자어를 고르세요.

15. 사람은 모름지기 [　　] 이 있어야 한다.
    ① 仁祖   ② 信用   ③ 仁川   ④ 休火山

16. 그 문제는 제가 [　　] 있게 풀 수 있습니다.

F1집 1호 한자 카드

어질 인

신선 선

믿을 신

쉴 휴

仁 仙 信 休
어질 인  신선 선  믿을 신  쉴 휴

仁仙信休

# F단계 1호 해답

| | |
|---|---|
| 1a | 1. 거, 글, 재, 異 |
| | 2. 살 거, 글 장, 다를 이, 거듭 재 |
| 1b | 3. 住居, 異意, 文章, 再生 |
| | 4. 주거, 문장, 재생, 이의 |
| 2a | 인조, 인천 |
| 2b | 선녀, 수선화 |
| 3a | 신용, 자신 |
| 3b | 공휴일, 휴화산 |
| 4a | 亻, 二, 어질, 인 |
| 4b | 어질, 인, 亻, 4획 |
| 5a | 亻, 山, 신선, 선 |
| 5b | 신선, 선, 亻, 5획 |
| 6a | 亻, 言, 믿을, 신 |
| 6b | 믿을, 신, 亻, 9획 |
| 7a | 亻, 木, 쉴, 휴 |
| 7b | 쉴, 휴, 亻, 6획 |
| 9a | 1. 仁, 인조    2. 仁, 인군 |
| 9b | 仁, 仁, 仁 |
| 10a | 1. 仙, 수선화    2. 仙, 선인 |
| 10b | 仙, 仙, 仙 |
| 11a | 休, 仁 |
| 11b | 의미, 仙 |
| 12a | 1. 信, 자신    2. 信, 신념 |
| 12b | 信, 信, 信 |
| 13a | 1. 休, 휴화산    2. 休, 휴식 |
| 13b | 休, 休, 休 |
| 14a | 1. 仙女    2. ① |

15a 1.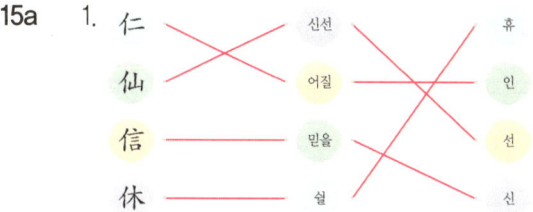

2. 休, 仙, 信, 仁

15b 3. 仙, 休, 仁, 信

4.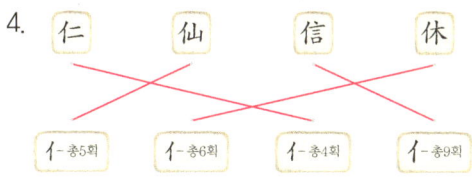

5. 仙女, 公休日, 水仙花, 信用

## 형성평가

1. ②　　　　2. ④
3. 仙, 신선 선　　4. 休
5. 인천　　　　6. 휴화산
7. 자신　　　　8. 선인
9. 公休日　　　10. 仙人

11. 신용 — 信
12. 인조 — 祖 ... (仁/信/仙 연결)
13. 자신 — 自
14. 선인 — 仙

15. ②　　　　16. ③
17. 仁君　　　18. 仙女
19. 水仙花　　20. 信用

**펴낸이** : 정지향
**펴낸곳** : (주)기탄교육
**기획·편집·디자인** : 기탄교육연구소
**주소** : 06698 서울특별시 서초구 효령로 42 기탄출판문화센터
**등록** : 제22-1740호
**전화** : (02)586-1007
**팩스** : (02)586-2337

※서점에 갈 시간이 없거나 구하기 어려운 분은 인터넷 또는 전화로 신청하세요. 즉시 우송해 드립니다.
● www.gitan.co.kr

ⓒ 2005 (주)기탄교육 All rights reserved.
저작권자의 동의 없이 본 교재를 무단으로 복제하거나 전재하는 것을 금합니다.

# 받아쓰기

♥ 엄마가 한자나 한자어를 부르고 아이가 받아쓰도록 합니다.

# 2 호

기탄교과서한자 F단계 1집 17a~32a

**F1 집**
1a-64a

F1집
2호
17a-32a

초등 교과서 한자어를 총체 분석한 어휘력 향상 한자 학습 프로그램

# 기탄® 교과서 한자

공부한 날   월   일 ~   월   일
            교        반
이름            전화

www.gitan.co.kr

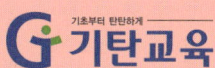
기초부터 탄탄하게
기탄교육

## F단계 학습 한자 일람

| | F단계 | | | | | | |
|---|---|---|---|---|---|---|---|
| 1집 | 仁, 仙, 信, 休 <br> 安, 宅, 官, 容 <br> 海, 洋, 漁, 洗 | 2집 | 他, 位, 俗, 保 <br> 守, 室, 客, 定 <br> 林, 村, 材, 校 | 3집 | 決, 洞, 注, 流 <br> 便, 作, 使, 代 <br> 念, 志, 感, 想 | 4집 | 計, 記, 語, 詩 <br> 情, 性, 進, 造 <br> 始, 好, 雲, 雪 |
| | 복습 | | 복습 | | 복습 | | 복습 |

## 학습 진단 관리표

| | 한자 | | 한자어 | | | 이번 주는 | | | |
|---|---|---|---|---|---|---|---|---|---|
| | 읽기 | 쓰기 | 읽기 | 쓰기 | | | | | |
| 금주평가 | Ⓐ 아주 잘함 | Ⓐ 아주 잘함 | Ⓐ 아주 잘함 | Ⓐ 아주 잘함 | ● 학습방법 | ❶ 매일매일 | ❷ 가끔 | ❸ 한꺼번에 | 하였습니다. |
| | Ⓑ 잘함 | Ⓑ 잘함 | Ⓑ 잘함 | Ⓑ 잘함 | ● 학습태도 | ❶ 스스로 잘 | ❷ 시켜서 억지로 | | 하였습니다. |
| | Ⓒ 보통 | Ⓒ 보통 | Ⓒ 보통 | Ⓒ 보통 | ● 학습흥미 | ❶ 재미있게 | ❷ 싫증내며 | | 하였습니다. |
| | Ⓓ 노력해야 함 | Ⓓ 노력해야 함 | Ⓓ 노력해야 함 | Ⓓ 노력해야 함 | ● 교재내용 | ❶ 적합하다고 | ❷ 어렵다고 | ❸ 쉽다고 | 하였습니다. |

지도 교사가 부모님께        부모님이 지도 교사께

| 종합평가 | Ⓐ 아주 잘함 | Ⓑ 잘함 | Ⓒ 보통 | Ⓓ 노력해야 함 |
|---|---|---|---|---|

### 1일차 (17a~19b)
- 다시보기를 통하여 仁, 仙, 信, 休의 훈, 음, 형, 한자어를 복습합니다.
- 이번 주에 학습할 安, 宅, 官, 容의 용례를 문장 속에서 찾아봅니다.
- 容恕의 恕는 아직 배우지 않은 한자이므로 훈음 읽기 위주로 학습합니다.

### 2일차 (20a~23b)
- 알아보기를 통하여 安, 宅, 官, 容의 3요소와 필순, 부수를 학습합니다.
- 부수가 공통적으로 宀(집 면)임을 알고 宀이 쓰인 한자는 집과 관련된 뜻을 나타냄을 알 수 있습니다.

### 3일차 (24a~26b)
- 만화를 통해 고사성어 大器晩成의 뜻과 쓰임을 알아보고 적절하게 사용할 수 있습니다.
- 安, 宅과 다른 한자를 결합하여 만든 未安, 安心, 住宅, 自宅 등의 한자어를 익힙니다.
- 한자의 造語(조어) 원리를 깨달아 다른 한자어도 만들어 보도록 합니다.

### 4일차 (27a~29b)
- 동화 '달밤에 얻은 행운'을 읽고 학습한 한자를 문장 속에 활용해 익힙니다.
- 官, 容과 다른 한자를 결합하여 만든 法官, 官家, 容恕, 內容 등의 한자어를 익힙니다.

### 5일차 (30a~32a)
- 전래동화 '사만 년을 산 사람'을 읽고 한자의 3요소를 이야기 속에 적용하여 풀이합니다.
- 풀어보기, 형성평가를 통해 학습한자를 정리하고 '누에가 된 소녀'를 읽고 蠶(누에 잠)의 유래를 알아보도록 합니다.

**1.** 다음 빈 칸에 알맞게 쓰세요.

| 仁 | 어질 |   |   | 仙 | 신선 |   |
|---|---|---|---|---|---|---|
|   | 쉴 | 휴 |   | 信 |   | 신 |

**2.** 다음 빈 칸에 알맞은 훈음을 쓰세요.

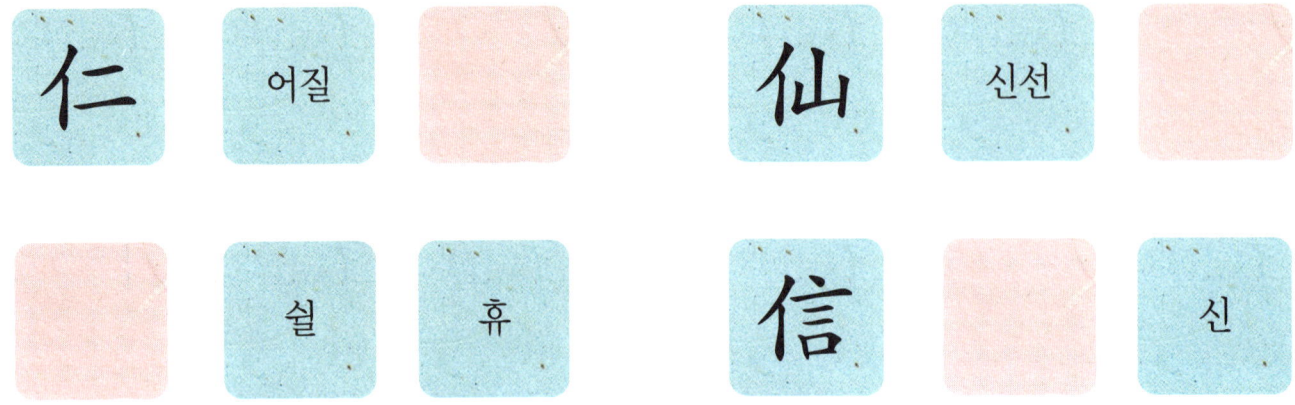

亻 + 二 → 仁  [어질 인]

亻 + 山 → 仙

亻 + 言 → 信

亻 + 木 → 休

**3.** 다음 보기 에서 알맞은 한자어를 찾아 쓰세요.

보기: 仙女   信用   仁君   公休日

信用 : 언행이나 약속이 틀림이 없을 것으로 믿음

☐ : 선경에 산다는 여자 신선

☐ : 어진 임금

☐ : 공적으로 정해진 휴일

**4.** 다음 보기 에서 알맞은 음을 찾아 쓰세요.

보기: 자신   공휴일   인천   수선화

• 水仙花 ☐☐☐ 는 알뿌리 화초의 하나로 다년생 식물입니다.

• 학생이나 직장인은 公休日 ☐☐☐ 이 기다려집니다.

• 선생님의 질문에 그 아이는 自信 ☐☐ 있게 대답을 하였다.

• 송도에 仁川 ☐☐ 상륙 작전을 기념하는 맥아더 장군의 동상이 있다.

安이 쓰인 문장을 읽고 빈 칸에 한자어의 음을 쓰세요.

의사 선생님께서 '성장통'이라고 진단을 내리셨다. 그제서야 엄마와 난 **安心(안심)**이 되었다.

"물방울아, **未安(미안)**해. 다음엔 넓은 강을 만나 바다로 자유롭게 다닐 수 있을거야."

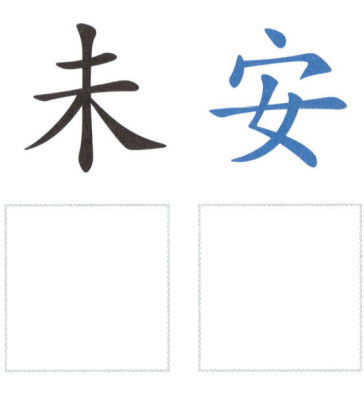

心 : 마음 심 (B1-3)   未 : 아닐 미 (E3-9)

宅이 쓰인 문장을 읽고 빈 칸에 한자어의 음을 쓰세요.

시·도청에서 하는 일 : 도로, **住宅(주택)**, 상·하수도 건설 등 지역 발전을 위한 사업을 계획하고 실천한다.

내가 방학 중에 선생님의 **自宅(자택)**으로 전화를 드렸더니 부재중이셨다. 얼마 후 휴대폰으로 통화가 연결되었다.

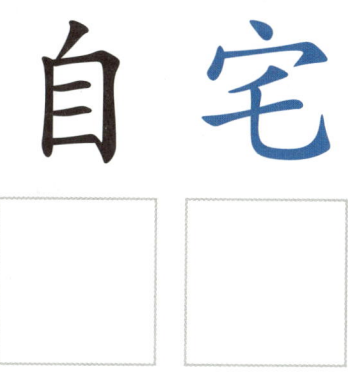

확인하기  住 : 살 주 (D1-2)   自 : 스스로 자 (B2-6)

官이 쓰인 문장을 읽고 빈 칸에 한자어의 음을 쓰세요.

프랭클린은 미국의 정치가, **外交官**(외교관), 저술가 이자 피뢰침을 발명한 과학자입니다.

두 사람은 마침내 **官家**(관가)로 찾아갔습니다.
"이 항아리 때문에 사이좋게 지내던 이웃이 서로 다투어서야 쓰겠느냐?" 사또가 말했습니다.

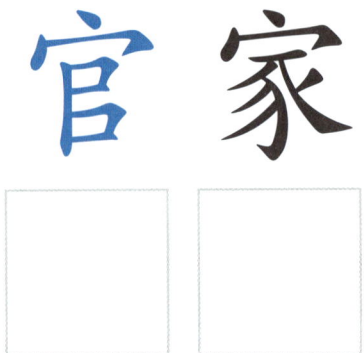

外 : 밖 외 (C2-5)  交 : 사귈 교 (C1-2)  家 : 집 가 (D4-13)

容이 쓰인 문장을 읽고 빈 칸에 한자어의 음을 쓰세요.

어려움에 처한 친구를 도울 수 있는 방법을 생각해 보고, 그 **內容(내용)**을 여러 가지 방법으로 표현해 봅시다.

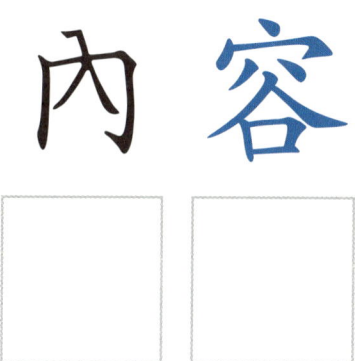

· 친구의 잘못을 너그럽게 **容恕(용서)**해 주겠습니다.
· 내가 잘못한 일이 있으면 먼저 사과하겠습니다.

內 : 안 내 (C2-5)   恕 : 용서할 서

📖 安의 훈과 음을 읽어 보세요.

훈 : 편안   음 : 안

💭 安이 만들어진 유래를 알아보세요.

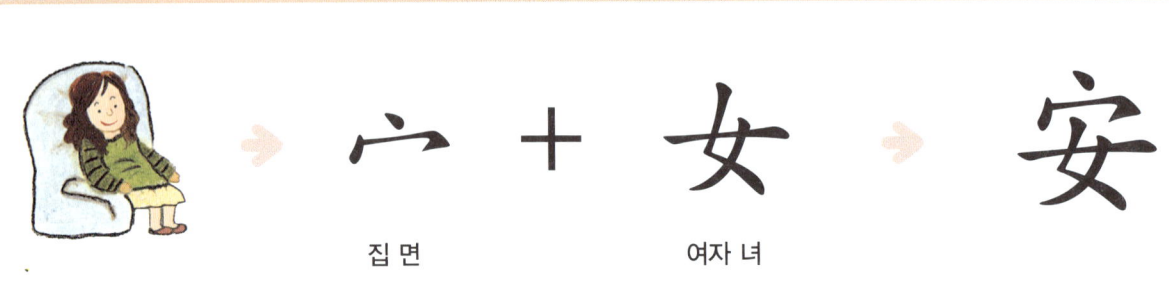

宀(집 면)과 女(여자 녀)가 합하여진 한자입니다. 여자(女)가 집안(宀)에 있어야 집안이 편안하게 된다는 데서 편안하다, 안전하다라는 뜻을 나타낸 한자입니다.

✏️ 빈 칸에 알맞게 쓰세요.

安은 ☐ (집 면)과 ☐ (여자 녀)를 합한 한자로

훈은 ☐ 이고, 음은 ☐ 입니다.

[확인하기] 宀 : 집 면   女 : 여자 녀 (B4-14)   • 이번 주에는 宀이 공통적으로 부수로 쓰인 한자를 학습합니다.
• 宀이 부수인 한자는 주로 '집'과 관련이 있는 한자입니다.

🌙 安의 부수와 총획수를 알아보고 빈 칸에 알맞게 쓰세요.

## 安
**편안 안**

부수 - 宀  　　총획 - 6획

▶ 宀은 '집 면' 입니다.
▶ 宀은 한자의 위쪽에 쓰이면 '갓머리' 라 읽습니다.

· 安의 **훈**은 [　　　] 이고, **음**은 [　　　] 입니다.

· 安의 **부수**는 [　　　] 이고, **총획**은 [　　　] 입니다.

✍ 安의 필순을 알아보고 알맞게 쓰세요.

丶 宀 宀 宀 安 安

安　安　安　安

## 宅 알아보기

🔖 宅의 훈과 음을 읽어 보세요.

훈: 집   음: 택

🔍 宅이 만들어진 유래를 알아보세요.

집 면                    부탁할 탁

宀(집 면)과 乇(부탁할 탁)이 합하여진 한자입니다. 宀은 집을 나타내어 뜻부분이 되었고, 乇은 음부분이 되었습니다. 사람이 사는 집, 주택, 거주하다를 뜻합니다.

✏️ 빈 칸에 알맞게 쓰세요.

宅은 [ 宀 (집 면) ]과 [ 乇 (부탁할 탁) ]을 합한 한자로

훈은 [　　] 이고, 음은 [　　] 입니다.

**확인하기**  宀: 집 면   乇: 부탁할 탁   • 宅과 家(집 가), 屋(집 옥) 등은 모두 '집'이라는 뜻으로 쓰입니다.

◯ 宅의 부수와 총획수를 알아보고 빈 칸에 알맞게 쓰세요.

宅
집 택

부수 – 宀    총획 – 6획

▶ 宀은 '집 면' 입니다.
▶ 宀은 한자의 위쪽에 쓰이면 '갓머리' 라 읽습니다.

· 宅의 **훈**은 [ ] 이고, **음**은 [ ] 입니다.
· 宅의 **부수**는 [ ] 이고, **총획**은 [ ] 입니다.

◯ 宅의 필순을 알아보고 알맞게 쓰세요.

`丶 宀 宀 宇 宅`

宅 宅 宅 宅

확인하기 · 宀이 부수인 한자는 주로 '집' 과 관련이 많은 한자입니다.　· 宅의 음은 '댁' 으로 읽기도 합니다. 예) 宅內(댁내)

📖 官의 훈과 음을 읽어 보세요.

훈: 벼슬   음: 관

📖 官이 만들어진 유래를 알아보세요.

큰 집(宀) 하나가 작은 언덕(目) 위에 높이 솟아 있는 모양을 본떠 만든 한자입니다. 본래의 뜻은 관리의 숙소였습니다. 후에 관청, 관리, 관직을 뜻하게 되었습니다.

📖 빈 칸에 알맞게 쓰세요.

官은 큰 집(宀) 하나가 작은 언덕(目) 위에 높이 솟아 있는 모양을 본떠 만든 한자로

훈은 ☐ 이고, 음은 ☐ 입니다.

확인하기  宀 : 집 면   • 官은 관직과 그 관직에 있는 사람(관리) 등의 의미로 쓰입니다.   • 官의 目은 堆(언덕 퇴)의 변형입니다.

● 官의 부수와 총획수를 알아보고 빈 칸에 알맞게 쓰세요.

官
벼슬 관

부수 - 宀    총획 - 8획

▶ 宀은 '집 면' 입니다.
▶ 宀은 한자의 위쪽에 쓰이면 '갓머리' 라 읽습니다.

· 官의 **훈**은 ☐ 이고, **음**은 ☐ 입니다.

· 官의 **부수**는 ☐ 이고, **총획**은 ☐ 입니다.

● 官의 필순을 알아보고 알맞게 쓰세요.

丶 丶 宀 宀 宀 官 官 官

官  官  官  官

확인하기 • 官은 宮(집 궁)과 모양 구별에 유의합니다.

容의 훈과 음을 읽어 보세요.

훈:얼굴  음:용

容이 만들어진 유래를 알아보세요.

집 면    골짜기 곡

宀(집 면)과 谷(골짜기 곡)이 합하여진 한자입니다. 집(宀)이 골짜기(谷)처럼 커서 많은 물건을 담을 수 있다는 데서 담다, 허용하다, 받아들이다라는 뜻이 되었고 후에 얼굴이란 뜻으로 쓰였습니다.

빈 칸에 알맞게 쓰세요.

容은 [ 宀 ] (집 면)과 [ 谷 ] (골짜기 곡)을 합한 한자로

훈은 [    ] 이고, 음은 [    ] 입니다.

확인하기  宀 : 집 면    谷 : 골짜기 곡    • 容은 사람의 얼굴 이외에도 '허용하다, 용납하다' 등의 뜻으로도 쓰입니다.

🔍 容의 부수와 총획수를 알아보고 빈 칸에 알맞게 쓰세요.

容
얼굴 용

부수 - 宀    총획 - 10획

▶ 宀은 '집 면' 입니다.
▶ 宀은 한자의 위쪽에 쓰이면 '갓머리' 라 읽습니다.

· 容의 훈은 [　　] 이고, 음은 [　　] 입니다.
· 容의 부수는 [　　] 이고, 총획은 [　　] 입니다.

✍ 容의 필순을 알아보고 알맞게 쓰세요.

丶 宀 宀 宀 宕 宕 宓 宓 容 容

容　容　容　容

大器晩成

사부님의 말대로 튼튼이는 꾸준히 노력해서 몇년 후 임금님을 모시는 대장군이 되었습니다.

**大器晩成**
대기만성

**大** : 큰 대   **器** : 그릇 기   **晩** : 늦을 만   **成** : 이룰 성

남달리 뛰어난 인물은 보통 사람들보다 늦게 대성한다는 뜻으로 오늘날에는 나이 들어 성공한 사람을 가리키는 말로 흔히 사용되고 있습니다.

기탄한자 F1-24b

安으로 漢字語 만들기

보기 와 같이 빈 칸에 알맞게 쓰세요.

보기

未 아닐 미 + 安 편안 안 → 未安 미안

"아까는 내가 잘못했어. 未安(미안)해. 이제부터는 조심할게."

1.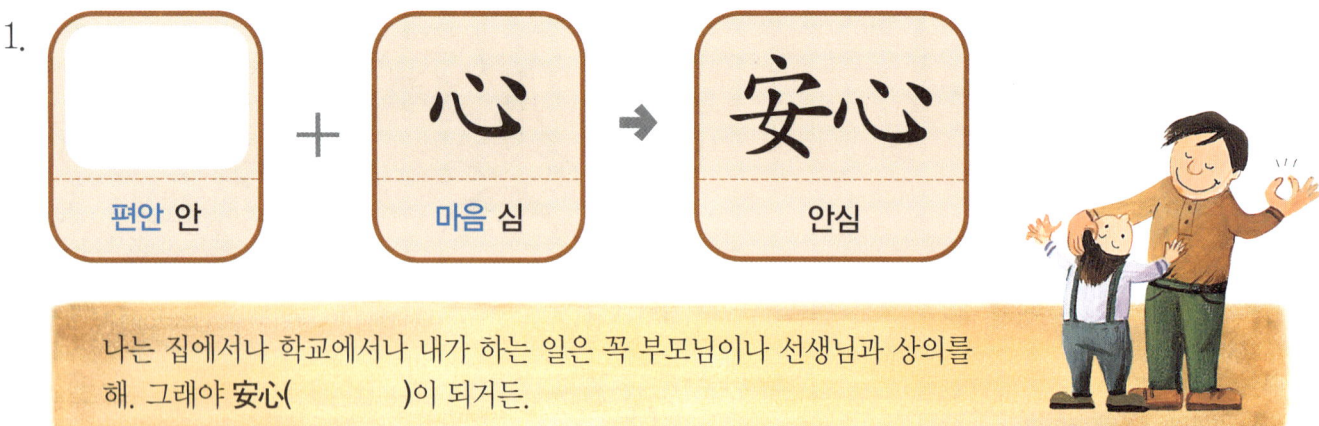

☐ 편안 안 + 心 마음 심 → 安心 안심

나는 집에서나 학교에서나 내가 하는 일은 꼭 부모님이나 선생님과 상의를 해. 그래야 安心(   )이 되거든.

2.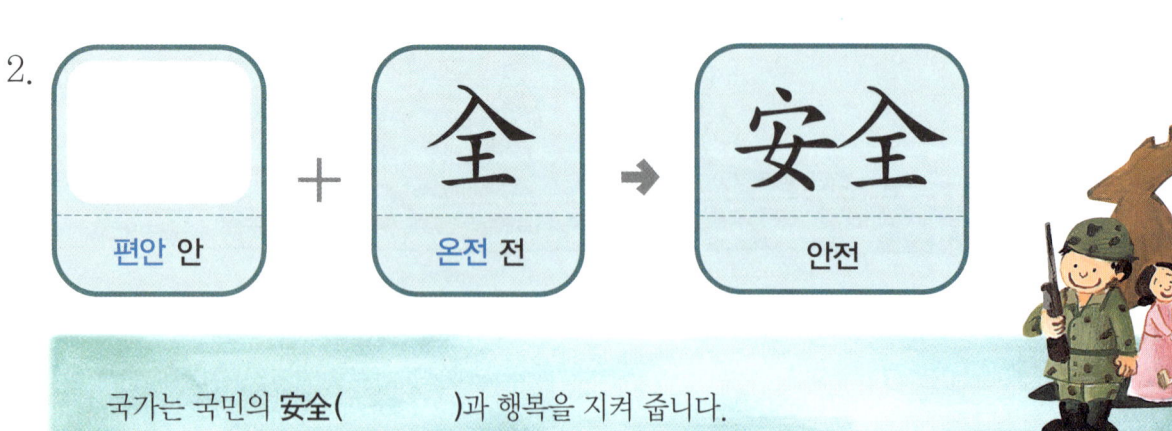

☐ 편안 안 + 全 온전 전 → 安全 안전

국가는 국민의 安全(   )과 행복을 지켜 줍니다.

확인하기  未 : 아닐 미 (E3-9)   心 : 마음 심 (B1-3)   全 : 온전 전 (D3-10)

安을 필순에 맞게 쓰세요.

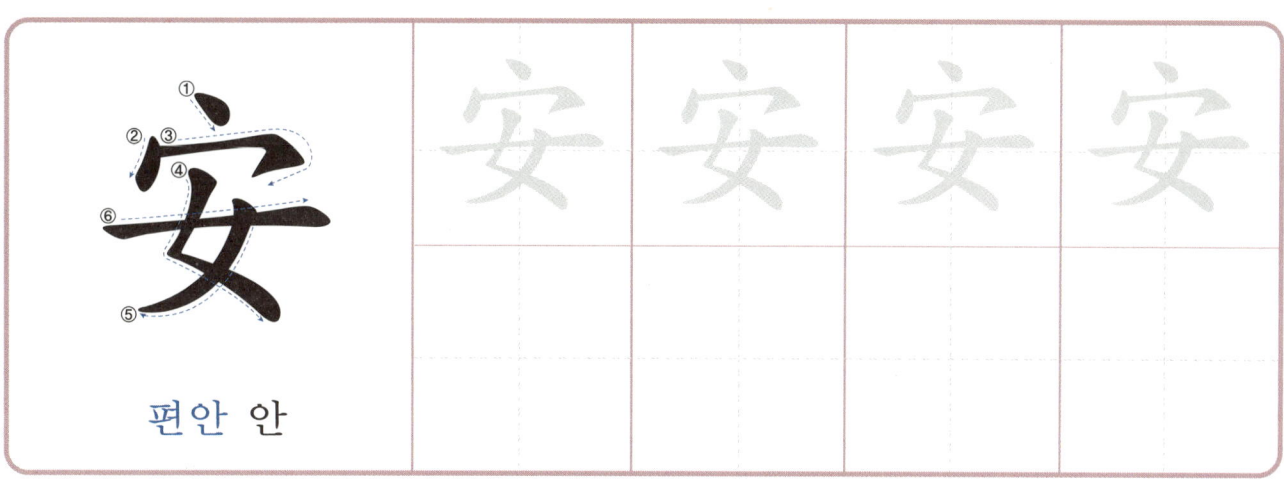

편안 안

빈 칸에 安을 써 넣어 한자어를 만들고, 그 뜻을 읽어 보세요.

未安(미안) : 남에게 폐를 끼쳐 마음이 편하지 못하고 거북함

安心(안심) : 근심 걱정이 없이 마음을 놓음. 마음을 편히 가짐

安全(안전) : 위험하지 않음. 위험이 없음. 또는 그러한 상태

宅으로 漢字語 만들기

보기 와 같이 빈 칸에 알맞게 쓰세요.

**보기**

住 (살 주) + 宅 (집 택) → 住宅 (주택)

우리 나라 **住宅(주택)** 양식의 변화를 한눈에 알 수 있다.

1. 自 (스스로 자) + ☐ (집 택) → 自宅 (자택)

   "몇 시에 **自宅(** )에 계실 건가요? **自宅**에 계실 때 찾아뵙겠습니다."

2. ☐ (집 택) + 地 (땅 지) → 宅地 (택지)

   할아버지께서 살고 계시는 동네가 **宅地(** ) 개발 지구로 선정되었다. 할아버지께서는 개발이 끝날 때까지 이웃 마을에서 기거하신다.

확인하기 住 : 살 주 (D1-2)   自 : 스스로 자 (B2-6)   地 : 땅 지 (C3-9)   • 宅은 '댁'으로 소리나기도 합니다.

F1-26a 기탄한자

宅을 필순에 맞게 쓰세요.

집 택

빈 칸에 宅을 써 넣어 한자어를 만들고, 그 뜻을 읽어 보세요.

住宅(주택) : 사람이 들어 살 수 있게 지은 집

自宅(자택) : 자기의 집

宅地(택지) : 주택을 짓기 위한 땅. 집 터

## 술술술 漢字동화

동화를 읽고 보기 에서 알맞은 한자나 음을 찾아 쓰세요.

# 달밤에 얻은 행운 2

사내는 몸을 돌려 금화가 깔려 있는 곳으로 달려갔습니다. 그리고 바구니 가득 금화를 담았지요. 신선이 한 말은 까맣게 잊어버린 것이지요. 금화가 가득 든 바구니를 들고 산 중턱쯤 내려오자 냇가가 보였어요. 사내는 냇물에 얼굴 ☐ 을 씻으며 생각했습니다.

"가만 있자, 이거 고작 한 바구니뿐이잖아. 집 ☐ 에 가서 바구니를 더 많이 들고 와야겠다. 그렇게 되면 官家 ☐☐ 의 사또도 부럽지 않은 편안한 일생을 보낼 수 있을 거야."

그런데 막상 내려가려 하니 바구니가 거추장스러웠어요.

"에잇, 이것쯤이야 없어도 그만이야."

그리고는 금화 바구니를 냇물에 던져버렸습니다. 집으로 돌아온 사내는 가족과 함께 금화를 담을 수 있는 그릇을 전부 들고 산으로 향했지요.

보기: 安心 宅 不幸 容 관가

'혹시 그 사이 금화가 없어져버렸으면 어떡하나?'

하지만 산에 도착한 사내는 **안심**□□했지요. 금화는 달빛을 받아 여전히 반짝이고 있었습니다. 하지만 사내가 금화를 향해 달려드는 순간, 보름달이 서산으로 쏙 숨어버리고 말았지요. 금화는 순식간에 눈앞에서 사라지고 말았답니다.

"아아, 조금만 더 빨리 왔더라면……."

"아니, 처음 바구니만 버리지 않았더라면……."

"아니, 아니. 처음에 얻은 세 개만 있었어도……."

세상을 살다 보면 누구에게나 행운이 찾아옵니다.

하지만 지나친 욕심은 행운도 **불행**□□으로 바꿀 수 있다는 사실, 기억하세요.

官으로 漢字語 만들기

보기 와 같이 빈 칸에 알맞게 쓰세요.

**보기**

法(법 법) + 官(벼슬 관) → 法官(법관)

아들이 **法官(법관)**의 길로 들어서길 간절하게 원했던 그의 어머니는 아들의 법복 입은 모습을 결국 보지 못 했다.

1.
   (벼슬 관) + 家(집 가) → 官家(관가)

   官家(　　　) 돼지 배 앓는 격 : 근심이 있으나 누구 하나 알아주는 사람이 없이 끙끙 앓음을 비유하여 이르는 말.

2. 外(밖 외) + 交(사귈 교) + (벼슬 관) → 外交官(외교관)

   직지심체요절은 금속 활자로 인쇄한 책으로, 세계 최초의 금속 활자본이다. 이 책은 프랑스 **外交官(　　　)**이 우리 나라에서 수집하여 프랑스로 가져갔다는 사실이 나중에 밝혀졌다.

확인하기　法 : 법 법 (D3-10)　　家 : 집 가 (D4-13)　　外 : 밖 외 (C2-5)　　交 : 사귈 교 (C1-2)

🖊 官을 필순에 맞게 쓰세요.

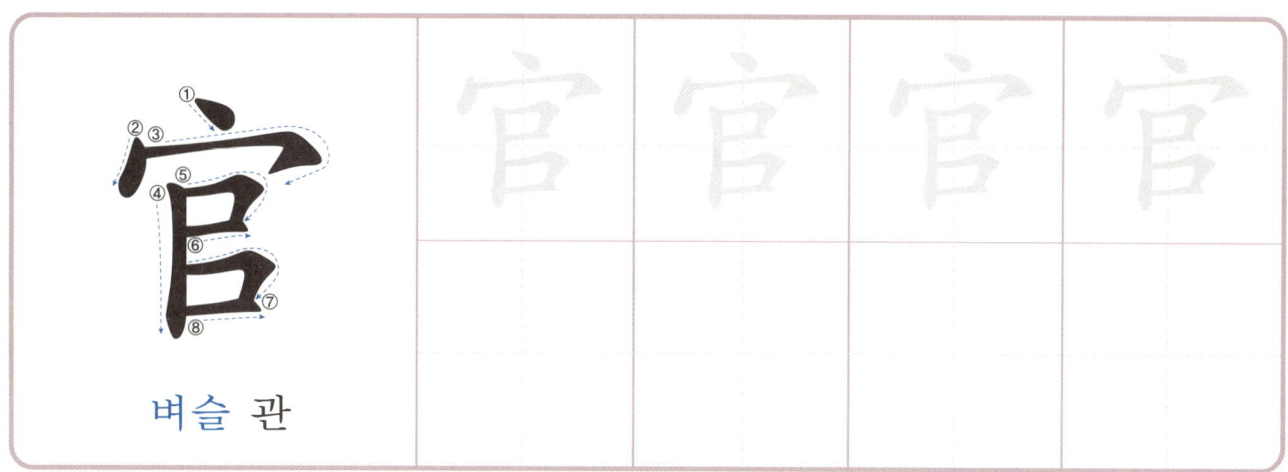

벼슬 관

📖 빈 칸에 官을 써 넣어 한자어를 만들고, 그 뜻을 읽어 보세요.

    法☐    法☐    法☐

法官(법관) : 사법권을 행사하여 형사 및 민사상의 재판을 맡아 보는 공무원

    ☐家    ☐家    ☐家

官家(관가) : 나라일을 보던 집

    外交☐    外交☐

外交官(외교관) : 외교 통상부 장관의 감독 아래 외교 사무에 종사하는 공무원을 통틀어 이르는 말

보기 와 같이 빈 칸에 알맞게 쓰세요.

**보기**

| 容 | + | 恕 | → | 容恕 |
|---|---|---|---|---|
| 얼굴 용 | | 용서할 서 | | 용서 |

"죄송합니다. 제가 잘 알지 못하고 함부로 말씀드려서 기분을 상하게 해 드렸군요. 容恕(용서)해 주십시오."

1.

| 內 | + | | → | 內容 |
|---|---|---|---|---|
| 안 내 | | 얼굴 용 | | 내용 |

오늘 수학 시간에 배운 **內容**(    )을 잘 몰라 속상해하고 있었다. 짝꿍 민영이가 "내가 설명해 줄게"하고 먼저 말해왔다.

2.

| 美 | + | | → | 美容 |
|---|---|---|---|---|
| 아름다울 미 | | 얼굴 용 | | 미용 |

**美容**(    )사가 머리를 다듬어 주는 일이나, 의사가 환자를 치료하는 일, 그리고 은행에서 돈이 필요한 사람들에게 돈을 빌려 주는 일 등은 우리 생활에 없어서는 안 될 중요한 활동이다.

확인하기  恕 : 용서할 서    內 : 안 내 (C2-5)    美 : 아름다울 미 (G1-1)

容을 필순에 맞게 쓰세요.

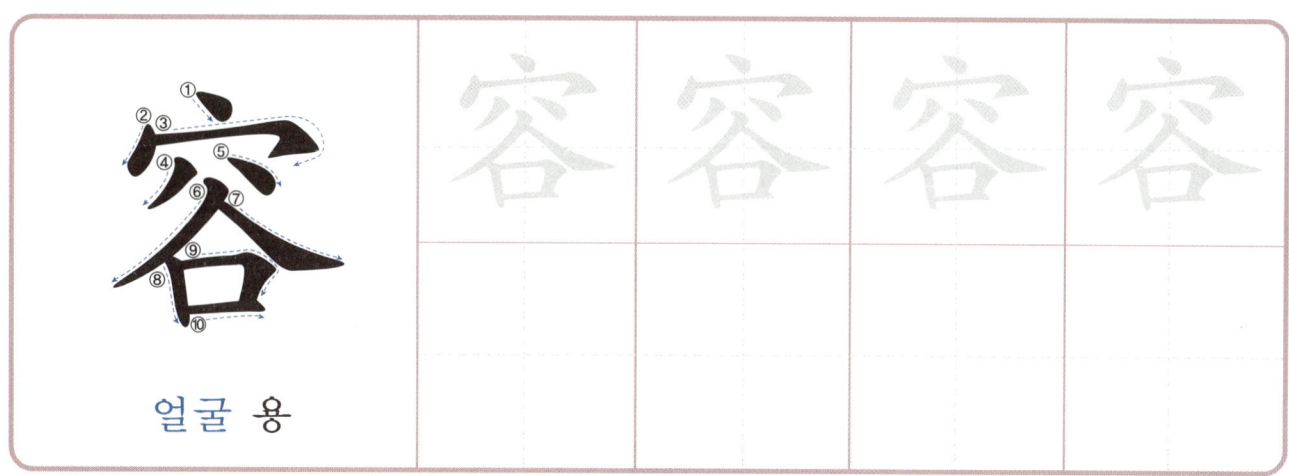

빈 칸에 容을 써 넣어 한자어를 만들고, 그 뜻을 읽어 보세요.

| | 恕 | | 恕 | | 恕 |

容恕(용서) : 지은 죄나 잘못한 일에 대하여 벌을 주지 않고 너그러이 보아 줌

| 內 | | 內 | | 內 | |

內容(내용) : 속에 들어 있는 것

| 美 | | 美 | | 美 | |

美容(미용) : 얼굴이나 머리 등을 곱게 매만짐

전래동화를 읽고 물음에 답하세요.

## 사만 년을 산 사람

옛날에 사만이라는 남자와 그의 아내가 외출을 했다가 집에 돌아가는 길이었어요.
"나를 땅에 묻어 주세요."
소리가 나는 곳을 보니, 하얀 해골이 말을 하는 게 아니겠어요?
사만이 부부는 등골이 오싹했지요. 하지만 너무나 간절히 애원하기에 부부는 해골을 집으로 가지고 와, 뒤뜰에 잘 묻어 주었습니다.

그런데 그 후로 사만이는 큰 부자가 되었어요. 가난한 집이 갑자기 부자가 되자 마을 사람들은 저마다 이상한 일이라며 쑤군거렸습니다. 심지어 어떤 사람들은 사만이네를 ㉠관가에 고발하자고 말하기도 했지요. 그 말을 우연히 듣게 된 사만이의 아내는 하는 수 없이 해골을 도로 갖다버려야겠다고 생각했답니다. 그날 밤이었어요. 사만이 꿈 속에 그 해골 귀신이 나타났습니다.
"나는 이제 더 이상 당신을 도와 줄 수가 없어요. 당신의 아내가 나를 버리려고 하니까요. 당신은 내일 모레에 죽게 될 거예요."
사만이는 깜짝 놀라 귀신에게 빌었습니다.
"안심하세요! 나는 절대로 당신을 버리지 않을 것입니다. 제발 살려 주세요!"
이렇게 빌자 귀신은 사만이가 불쌍했는지, 앞으로도 ㉡安全하게 돌보아 주겠다고 약속했습니다. 해골은 사만이에게 살 수 있는 방법을 알려주었어요.
"짚신 세 켤레와 밥 세 그릇을 가지고 삼신산에 올라가 절을 하세요. 그러면 배가 고프고 신발이 다 해어진 저승사자가 와서 당신은 안 잡아가고 짚신과 밥만 빼앗아 갈 거예요."
다음 날 사만이가 귀신의 말대로 하자, 정말 저승사자가 짚신과 밥만 빼앗아 갔어요. 그 뒤 사만이는 사만 년을 살았답니다.

1. ㉠을 한자로 바꾸어 쓰세요.

2. ㉡의 음을 쓰세요.

이번 주에 배운 한자어를 넣어, 그림의 상황에 어울리게 짧은 글을 지어 보세요.

未安

美容

1. 서로 관련 있는 것끼리 선으로 이으세요.

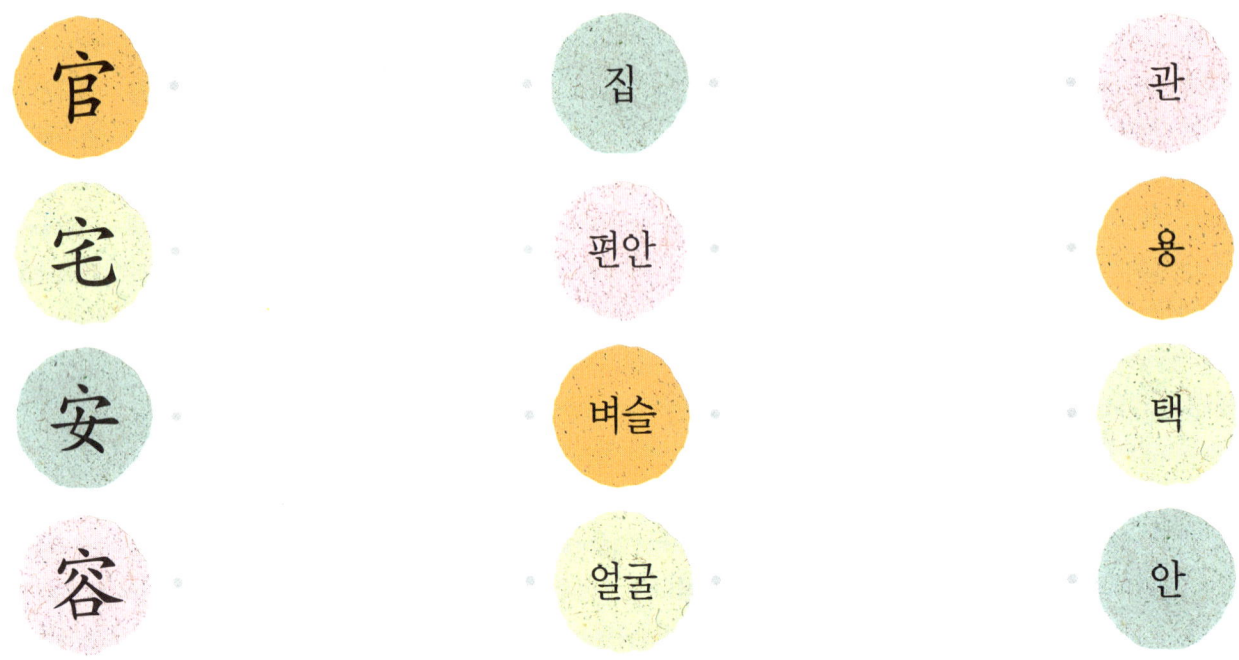

2. 다음 빈 칸에 공통적으로 들어갈 한자를 보기 에서 찾아 쓰세요.

보기   宅   安   官   容

| 미☐ | ☐심 | ☐전 | …… ☐ |
| 법☐ | ☐가 | 외교☐ | …… ☐ |
| 주☐ | 자☐ | ☐지 | …… ☐ |
| ☐서 | 내☐ | 미☐ | …… ☐ |

**3.** 다음 밑줄 친 낱말의 뜻에 알맞은 한자를 쓰세요.

- 그 가문은 높은 **벼슬**(　　)을 지낸 사람을 많이 배출하였다.
- 과거에 선비들은 **편안함**(　　)을 좇지 않고 학문을 닦았다.
- 오늘은 막내 삼촌이 **집**(　　)들이를 하는 날이다.
- 개학을 하고 만난 친구들 **얼굴**(　　)이 모두 까맣게 타 건강해 보였다.

**4.** 서로 관련 있는 것끼리 선으로 이으세요.

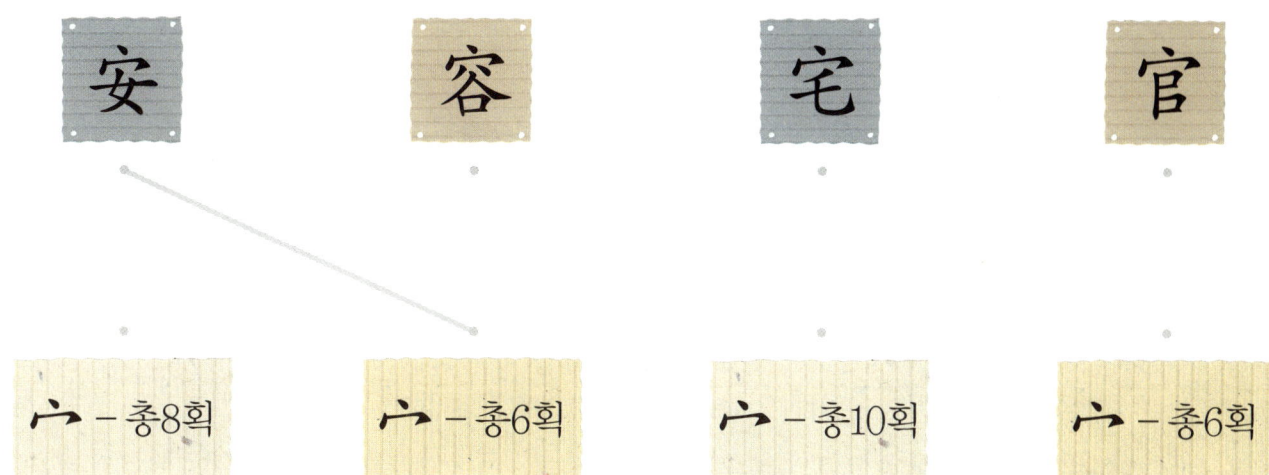

**5.** 다음 빈 칸에 알맞은 한자어를 보기 에서 찾아 쓰세요.

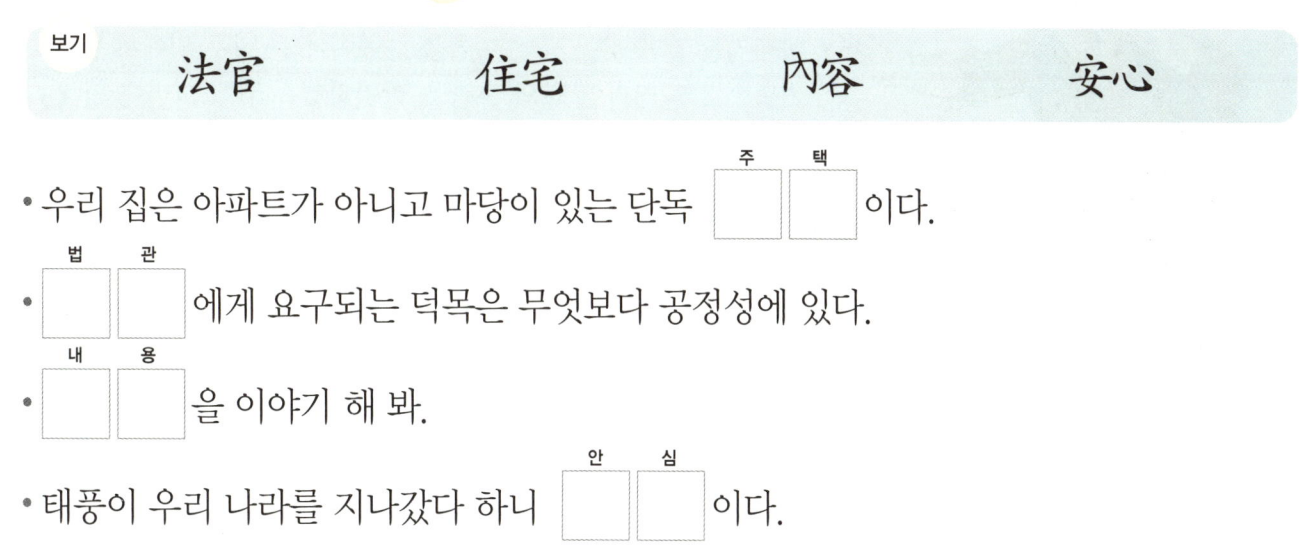

# 누에가 된 소녀

아주 먼 옛날이었습니다. 어떤 사람이 자기 집에 어린 딸과 말 한 마리만을 남겨 두고 멀리 여행을 떠났습니다.
어린 딸은 말에게 먹이를 주며 아버지가 그리운 마음에 농담삼아 말했습니다.
"말아, 네가 만약에 아버지를 데려다 준다면 난 너와 결혼할텐데……."
그 말이 끝나자마자, 말은 마굿간에서 뛰쳐나와 며칠을 달려 소녀의 아버지를 찾으러 갔습니다. 소녀의 아버지는 말이 그 먼 길을 찾아온 것이 신기하고 놀랍기도 하여 딸에게 무슨 일이 있는지 걱정이 되어 그 말을 타고 집에 돌아왔습니다.

아버지는 말이 기특하게 생각되어 좋은 먹이를 듬뿍 주었습니다. 그러나 말은 먹이는 거들떠보지도 않고 소녀가 보일 때마다 소리를 지르고 흥분하여 날뛰었습니다. 딸은 지난 번에 농담으로 한 이야기를 아버지에게 말했습니다. 이 말을 들은 아버지는 깜짝 놀라 말을 화살로 쏘아 죽여 버렸습니다.

"말이 아무리 영리하여도 말을 사위로 삼을 수는 없는 일이다!"
하며 말가죽을 벗겨 뜰에 널어 놓았습니다. 이를 본 딸이
"이 못된 짐승 같으니……. 감히 사람을 각시로 삼으려 하더니, 이 꼴이……."
딸의 말이 채 끝나기도 전에 말가죽이 갑자기 허공으로 솟아올라 딸의 몸을 휘감았습니다.
그리고는 공중에서 몇 바퀴를 맴돌더니 들판 너머로 멀리 사라져 버렸습니다.

아버지는 딸을 찾아 몇날 며칠을 헤메이다 큰 나무 밑에서 말가죽으로 둘러싸인 딸의 모습을 발견하였습니다. 그런데 딸은 온 몸이 꿈틀거리는 벌레의 모양으로 변해 있었고 머리를 흔들며 입에서는 하얗게 빛나는 가는 실을 토해 내고 있었습니다.
몰려든 사람들은 이 이상한 벌레의 생김새가 길고 가느다란 비녀와 같다고 하여 비녀 잠(簪)에다가 벌레 충(虫)을 붙여서 누에 잠(蠶)이라고 하였습니다.
누에를 뜻하는 한자는 이렇게 만들어졌답니다.

확인하기  簪 : 비녀 잠   虫 : 벌레 충   蠶 : 누에 잠

다음 보기 에서 알맞은 한자어를 찾아 쓰세요.

보기: 住宅　外交官　安全　宅地

17. 外交官　외 [ ] 교 [ ] 관 [ ]

18. 安全　안 [ ] 전 [ ]

19. 住宅　택 [ ] 지 [ ]

20. 宅地　주 [ ] 택 [ ]

| 점수 | 평가 결과 및 향후 진도 |
|---|---|
| 16~20문항 | 잘했어요. F1집 3호로 진행하세요. |
| 11~15문항 | 부족해요. 틀린 문제의 한자를 다시 학습한 후 F1집 3호로 진행하세요. |
| 10문항 이하 | 많이 부족해요. 이번 호를 복습한 후 다음 호로 진행하세요. |

※ 다음 한자어의 음을 쓰세요.

5. 內容 ☐☐

6. 安心 ☐☐

7. 宮家 ☐☐

8. 自宅 ☐☐

※ 다음 〈보기〉에서 알맞은 한자어를 찾아 쓰세요.

〈보기〉 自宅    宮家    安全    美容

9. 자기의 집 ……… ☐☐

10. 위험하지 않음. 위험이 없음. 또는 그러한 상태 ……… ☐☐

# 기탄한자 형성평가

## F단계 2호

날짜    월   일    점수

다음 물음에 답하세요.

**1.** 다음 한자와 음이 바르게 연결된 것을 고르세요.

① 客 – 용   ② 宮 – 택   ③ 安 – 강   ④ 宅 – 안

**2.** 다음 한자와 훈이 바르게 연결되지 않은 것을 고르세요.

① 容 – 얼굴   ② 官 – 벼슬   ③ 宅 – 바다   ④ 安 – 편안

**3.** 다음 빈 칸에 알맞은 한자와 훈음을 쓰세요.

   ↑      +   女   ↑

**4.** 다음 설명에 알맞은 한자를 쓰세요.

왼쪽의 한자어가 되도록 바르게 연결하세요.

11. 미안 · · 宅未
12. 택지 · · 安否
13. 내용 · 法容
14. 법판 · 內 · 宅地

다음 빈 칸에 알맞은 한자어를 고르세요.

15. 이제 위험한 고비를 넘겼으니 _____ 하세요.

① 宅地   ② 安心   ③ 內容   ④ 自宅

16. 나의 장래 희망은 _____ 이 되는 것이다.

① 音家   ② 未安   ③ 法官   ④ 安心

 安 편안 안

 宅 집 택

 官 벼슬 관

 容 얼굴 용

安 宅 官 容
편안 안  집 택  벼슬 관  얼굴 용

安宅官容

# F단계 2호 해답

| | |
|---|---|
| **17a** | 1. 인, 선, 休, 믿을<br>2. 어질 인, 신선 선, 믿을 신, 쉴 휴 |
| **17b** | 3. 信用, 仙女, 仁君, 公休日<br>4. 수선화, 공휴일, 자신, 인천 |
| **18a** | 안심, 미안 |
| **18b** | 주택, 자택 |
| **19a** | 외교관, 관가 |
| **19b** | 내용, 용서 |
| **20a** | 女, 편안, 안 |
| **20b** | 편안, 안, 宀, 6획 |
| **21a** | 집, 택 |
| **21b** | 집, 택, 宀, 6획 |
| **22a** | 벼슬, 관 |
| **22b** | 벼슬, 관, 宀, 8획 |
| **23a** | 얼굴, 용 |
| **23b** | 얼굴, 용, 宀, 10획 |
| **25a** | 1. 安, 안심    2. 安, 안전 |
| **25b** | 安, 安, 安 |
| **26a** | 1. 宅, 자택    2. 宅, 택지 |
| **26b** | 宅, 宅, 宅 |
| **27a** | 容, 宅, 관가 |
| **27b** | 安心, 不幸 |
| **28a** | 1. 官, 관가    2. 官, 외교관 |
| **28b** | 官, 官, 官 |
| **29a** | 1. 容, 내용    2. 容, 미용 |
| **29b** | 容, 容, 容 |
| **30a** | 1. 官家    2. 안전 |

**31a** 1.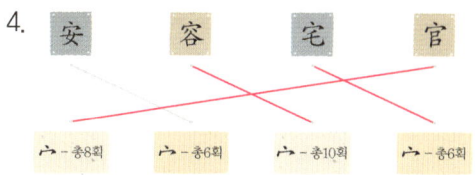

2. 安, 官, 宅, 容

**31b** 3. 官, 安, 宅, 容

4. 安　容　宅　官
   宀-총8획　宀-총6획　宀-총10획　宀-총6획

5. 住宅, 法官, 內容, 安心

## 형성평가

1. ①　　　　　　　2. ③
3. 安, 편안 안　　　4. 宅
5. 내용　　　　　　6. 안심
7. 관가　　　　　　8. 자택
9. 自宅　　　　　 10. 安全

11. 미안 — 宀(宅) · 安
12. 택지 — 未
13. 내용 — 法 · 官
14. 법관 — 內 · 容 · 地

15. ②　　　　　　 16. ③
17. 外交官　　　　 18. 宅地
19. 安全　　　　　 20. 住宅

펴낸이 : 정지향
펴낸곳 : (주)기탄교육
기획·편집·디자인 : 기탄교육연구소
주소 : 06698 서울특별시 서초구 효령로 42 기탄출판문화센터
등록 : 제22-1740호
전화 : (02)586-1007
팩스 : (02)586-2337

※서점에 갈 시간이 없거나 구하기 어려운 분은 인터넷 또는 전화로 신청하세요. 즉시 우송해 드립니다.
● www.gitan.co.kr

ⓒ 2005 (주)기탄교육 All rights reserved.
저작권자의 동의 없이 본 교재를 무단으로 복제하거나 전재하는 것을 금합니다.

# F 단계에서 배운 한자들

安 편안 안
宅 집 택
官 벼슬 관
容 얼굴 용

仁 어질 인
仙 신선 선
信 믿을 신
休 쉴 휴

♥ 엄마가 한자나 한자어를 부르고 아이가 받아쓰도록 합니다.

호

기탄교과서한자 F단계 1집 33a~48a

F1집
1a-64a

F1집
3호
33a-48a

초등 교과서 한자어를 총체 분석한 어휘력 향상 한자 학습 프로그램

기탄 교과서 한자

공부한 날    월   일 ~   월   일
              교         반
이름           전화

www.gitan.co.kr

기초부터 탄탄하게
기탄교육

## F단계 학습 한자 일람

| | F단계 | | | | | | |
|---|---|---|---|---|---|---|---|
| 1집 | 仁, 仙, 信, 休 | 2집 | 他, 位, 俗, 保 | 3집 | 決, 洞, 注, 流 | 4집 | 計, 記, 語, 詩 |
| | 安, 宅, 官, 容 | | 守, 室, 客, 定 | | 便, 作, 使, 代 | | 情, 性, 進, 造 |
| | 海, 洋, 漁, 洗 | | 林, 村, 材, 校 | | 念, 志, 感, 想 | | 始, 好, 雲, 雪 |
| | 복습 | | 복습 | | 복습 | | 복습 |

## 학습 진단 관리표

| | 한자 | | 한자어 | |
|---|---|---|---|---|
| | 읽기 | 쓰기 | 읽기 | 쓰기 |
| 금주평가 | Ⓐ 아주 잘함 | Ⓐ 아주 잘함 | Ⓐ 아주 잘함 | Ⓐ 아주 잘함 |
| | Ⓑ 잘함 | Ⓑ 잘함 | Ⓑ 잘함 | Ⓑ 잘함 |
| | Ⓒ 보통 | Ⓒ 보통 | Ⓒ 보통 | Ⓒ 보통 |
| | Ⓓ 노력해야 함 | Ⓓ 노력해야 함 | Ⓓ 노력해야 함 | Ⓓ 노력해야 함 |

지도 교사가 부모님께

이번 주는
- 학습방법  ❶ 매일매일  ❷ 가끔  ❸ 한꺼번에 하였습니다.
- 학습태도  ❶ 스스로 잘  ❷ 시켜서 억지로 하였습니다.
- 학습흥미  ❶ 재미있게  ❷ 싫증내며 하였습니다.
- 교재내용  ❶ 적합하다고  ❷ 어렵다고  ❸ 쉽다고 하였습니다.

부모님이 지도 교사께

| 종합평가 | Ⓐ 아주 잘함 | Ⓑ 잘함 | Ⓒ 보통 | Ⓓ 노력해야 함 |
|---|---|---|---|---|

 **1 일차** 33a~35b
- 다시보기를 통하여 安, 宅, 官, 容의 훈, 음, 형, 한자어를 복습합니다.
- 이번 주에 배울 海, 洋, 漁, 洗의 용례를 문장 속에서 찾아봅니다.
- 이번 주 학습 한자의 공통점은 무엇인지 스스로 발견해 봅니다.

 **2 일차** 36a~39b
- 알아보기를 통하여 海, 洋, 漁, 洗의 3요소와 필순, 부수를 학습합니다.
- 부수가 공통적으로 氵(물 수)임을 알고 氵가 쓰인 한자는 물과 관련된 뜻을 나타냄을 이해합니다.

 **3 일차** 40a~42b
- 만화를 통해 고사성어 孟母三遷의 뜻과 쓰임을 알아보고 적절하게 사용할 수 있습니다.
- 海, 洋과 다른 한자를 결합하여 만든 地中海, 東海, 東洋, 西洋 등의 한자어를 익힙니다.

 **4 일차** 43a~45b
- 동화 '백일홍 이야기'를 읽고 학습한 한자를 문장 속에 활용해 봅니다.
- 漁, 洗와 다른 한자를 결합하여 만든 漁夫, 漁村, 洗手, 洗車 등의 한자어를 익힙니다.

 **5 일차** 46a~48a
- 전래동화 '소금을 만드는 맷돌'을 읽고 한자의 3요소를 이야기 속에 적용하여 풀이합니다.
- 풀어보기, 형성평가를 통해 학습한자를 정리하고 '왕십리'를 읽고 지명의 유래를 알아 봅니다.

**1.** 다음 빈 칸에 알맞게 쓰세요.

| 宅 | 집 | | 官 | 벼슬 |
| 安 | | 안 | 容 | 용 |

**2.** 다음 빈 칸에 알맞은 훈음을 쓰세요.

3. 다음 보기 에서 알맞은 한자어를 찾아 쓰세요.

보기: 住宅　　美容　　官家　　未安

美容 : 얼굴이나 머리 등을 곱게 매만짐

☐ : 사람이 들어 살 수 있게 지은 집

☐ : 남에게 폐를 끼쳐 마음이 편하지 못하고 거북함

☐ : 나라일을 보던 집

4. 다음 보기 에서 알맞은 음을 찾아 쓰세요.

보기: 내용　　관가　　주택　　안심

• 住宅 ☐☐ 의 건축 양식은 환경에 따라 매우 다양하다.

• 남의 농사를 망치려고 작정한 그 젊은이는 官家 ☐☐ 로 끌려 갔다.

• 방학 숙제를 이제 다 끝냈으니 이제 安心 ☐☐ 하고 놀 수 있겠다.

• '소문난 잔치에 먹을 거 없다' 더니 內容 ☐☐ 은 부실하고 요란하기만 했다.

海가 쓰인 문장을 읽고 빈 칸에 한자어의 음을 쓰세요.

**地中海(지중해)**는 아시아와 아프리카 그리고 유럽 대륙으로 둘러싸인 바다이다.

"아저씨, 오징어가 싱싱한가요?"
"그럼요. **東海(동해)**에서 오늘 새벽에 도착한 걸요. 아주 싱싱하답니다."

확인하기   地 : 땅 지(C3-9)    中 : 가운데 중(A4-15)    東 : 동녘 동(D4-14)

洋이 쓰인 문장을 읽고 빈 칸에 한자어의 음을 쓰세요.

나는 조선 사람으로서 **東洋(동양)**의 평화와 내 나라의 독립을 위해 나라의 적을 죽였는데, 그것이 어찌 잘못된 일이란 말이오?

東 洋

'무거운 돌을 쉽게 끌어 올릴 수 있는 방법이 없을까?' 고민하던 선생은 **西洋(서양)**의 기술을 소개한 책을 찾아 꼼꼼히 읽었고, 마침내 거중기를 발명하였습니다.

西 洋

확인하기  東 : 동녘 동(D4-14)   西 : 서녘 서(D4-14)

漁가 쓰인 문장을 읽고 빈 칸에 한자어의 음을 쓰세요.

우리 나라의 농·**漁村(어촌)** 인구는 계속 감소하고 있다.

**漁夫(어부)**들은 그곳에서 그물을 털고, 망가진 그물을 손질했습니다. 어부들이 그물을 털 때마다 많은 새우가 떨어졌습니다.

확인하기 　村 : 마을 촌(F2-7)　　夫 : 남편 부(G1-1)　　• 夫는 '~을 하는 사나이'라는 뜻도 있습니다.

## 洗 찾아보기

洗가 쓰인 문장을 읽고 빈 칸에 한자어의 음을 쓰세요.

손을 씻을 때나 **洗手(세수)**를 할 때에는 물을 필요한 만큼만 받아서 사용합니다.

나들이, 빨래, **洗車(세차)**, 운동 지수는 높을수록 쾌적하며 좋은 상태를 나타내고, 불쾌 지수는 높을수록 불쾌감이 높은 것을 나타냅니다.

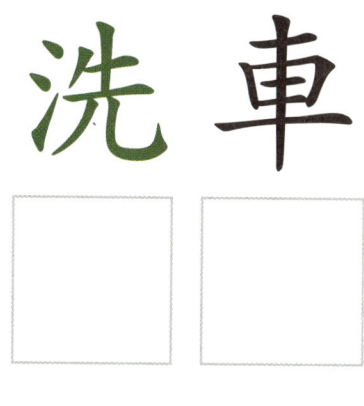

확인하기  手 : 손 수(A3-11)   車 : 수레 거/차(B2-5)

📖 海의 훈과 음을 읽어 보세요.

훈: 바다  음: 해

💡 海가 만들어진 유래를 알아보세요.

물 수    매양 매

氵(물 수, 水의 변형)와 每(매양 매)를 합하여 만든 한자로 바다를 뜻합니다. 氵가 뜻부분으로 쓰이고 每(매 → 해)가 음부분으로 쓰였습니다.

✏️ 빈 칸에 알맞게 쓰세요.

海는 ☐ (물 수) 와 每 (매양 매) 를 합한 한자로

훈은 ☐ 이고, 음은 ☐ 입니다.

**확인하기** 水 : 물 수(A1-2)   每 : 매양 매   • 이번 주에는 氵가 공통적으로 부수로 쓰인 한자를 학습합니다.

🌙 海의 부수와 총획수를 알아보고 빈 칸에 알맞게 쓰세요.

海
바다 해

부수 - 氵    총획 - 10획

▶ 氵는 '물 수' 입니다.
▶ 氵가 한자의 왼쪽에 쓰이면 '삼수변' 으로 읽습니다.

· 海의 **훈**은 ☐ 이고, **음**은 ☐ 입니다.
· 海의 **부수**는 ☐ 이고, **총획**은 ☐ 입니다.

✏️ 海의 필순을 알아보고 알맞게 쓰세요.

丶 氵 氵 氵 汇 江 海 海 海 海

확인하기 • 氵가 부수로 쓰인 한자는 대부분 물과 관련된 뜻을 지니고 있습니다. 예) 江(강 강), 河(물 하), 沐(머리감을 목), 浴(목욕할 욕)

📖 洋의 훈과 음을 읽어 보세요.

훈 : 큰바다   음 : 양

🔍 洋이 만들어진 유래를 알아보세요.

氵 + 羊 ➡ 洋

물 수    양 양

氵(물 수, 水의 변형)와 羊(양 양)을 합해 만든 한자로 큰바다를 뜻합니다. 氵가 뜻을 나타내고 羊이 음을 나타내었습니다.

✏️ 빈 칸에 알맞게 쓰세요.

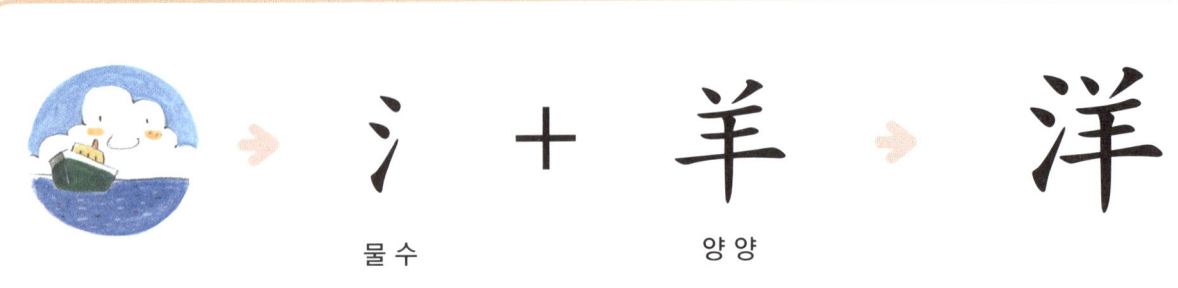

洋은 ☐ (물 수)와 ☐ (양 양)을 합한 한자로

훈은 ☐ 이고, 음은 ☐ 입니다.

확인하기  水 : 물 수(A1-2)    羊 : 양 양(B1-1)

🌙 洋의 부수와 총획수를 알아보고 빈 칸에 알맞게 쓰세요.

洋
큰바다 양

부수 – 氵　　총획 – 9획

▶ 氵는 '물 수' 입니다.
▶ 氵가 한자의 왼쪽에 쓰이면 '삼수변' 으로 읽습니다.

· 洋의 **훈**은 [　　] 이고, **음**은 [　　] 입니다.

· 洋의 **부수**는 [　　] 이고, **총획**은 [　　] 입니다.

✏️ 洋의 필순을 알아보고 알맞게 쓰세요.

漁의 훈과 음을 읽어 보세요.

훈 : 고기잡을   음 : 어

漁가 만들어진 유래를 알아보세요.

氵(물 수, 水의 변형)와 魚(물고기 어)를 합해 만든 한자로 물(氵)에서 물고기(魚)를 잡는다는 데서 고기잡다를 뜻합니다. 氵와 魚가 모두 뜻으로 쓰이고, 魚의 음을 그대로 살린 한자입니다.

빈 칸에 알맞게 쓰세요.

漁는 ☐(물 수)와 ☐(물고기 어)를 합한 한자로

훈은 ☐ 이고, 음은 ☐ 입니다.

확인하기  水 : 물 수(A1-2)   魚 : 물고기 어(B3-9)   • 漁와 魚는 모양과 뜻이 비슷하므로 구별에 유의합니다.

🌙 漁의 부수와 총획수를 알아보고 빈 칸에 알맞게 쓰세요.

漁
고기잡을 어

부수 - 氵　　총획 - 14획

▶ 氵는 '물 수' 입니다.
▶ 氵가 한자의 왼쪽에 쓰이면 '삼수변' 으로 읽습니다.

· 漁의 **훈**은 ☐ 이고, **음**은 ☐ 입니다.

· 漁의 **부수**는 ☐ 이고, **총획**은 ☐ 입니다.

✏️ 漁의 필순을 알아보고 알맞게 쓰세요.

丶 冫 氵 氵 沪 沪 泊 泊 渔 渔 渔 漁 漁 漁

**확인하기** • 渔는 漁의 간체자입니다. 간체자(簡體字)는 중국에서 필획이 많고 복잡한 본래의 정자체를 줄여서 간단히 만든 한자를 말합니다. 곧 중국에서는 漁를 渔로 표기합니다.

📖 洗의 훈과 음을 읽어 보세요.

훈: 씻을  음: 세

🔍 洗가 만들어진 유래를 알아보세요.

氵 + 先 → 洗

물 수    먼저 선

氵(물 수, 水의 변형)와 先(먼저 선)이 합하여진 한자입니다. 先은 발을 내디뎌 앞으로 나아가는 일이지만 여기서는 맨발의 뜻을 나타냅니다. 제사에 앞서 발을 씻는(氵) 의식을 표현한 데서 씻다를 뜻하게 되었습니다.

✏️ 빈 칸에 알맞게 쓰세요.

洗는 ☐ (물 수)와 ☐ (먼저 선)을 합한 한자로

훈은 ☐ 이고, 음은 ☐ 입니다.

확인하기  水 : 물 수(A1-2)    先 : 먼저 선(E2-7)

洗의 부수와 총획수를 알아보고 빈 칸에 알맞게 쓰세요.

洗
씻을 세

부수 - 氵　　　총획 - 9획

▶ 氵는 '물 수' 입니다.
▶ 氵가 한자의 왼쪽에 쓰이면 '삼수변' 으로 읽습니다.

· 洗의 훈은 [　　] 이고, 음은 [　　] 입니다.
· 洗의 부수는 [　　] 이고, 총획은 [　　] 입니다.

洗의 필순을 알아보고 알맞게 쓰세요.

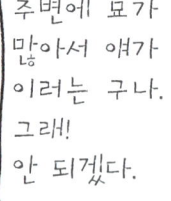

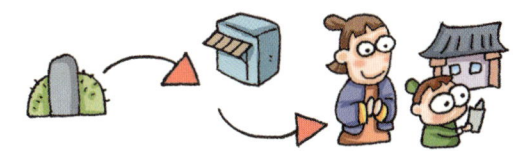

아니, 맹자야. 그게 뭐하는 짓이니?

어서옵~ ..네?

아저씨들이 물건 파는 게 재미있어 보여서 흉내냈는데요.

역시 시장도 교육엔 무리가 있구나. 짐 싸자. 맹자야.

우아앙~ 또 이사 가요?

다음으로 이사간 곳은 서당 근처였다.

그러자 맹자는 책상에서 공부를 하기 시작했다. 유교를 중히 가르치고 예절을 중시하던 맹자의 어머니는 이곳이야 말로 자식을 기르기 더할나위 없이 좋은 곳이라며 기뻐했다.

이처럼 맹자의 교육을 위해 맹자의 어머니가 3번 이사 했다하여 맹모삼천(孟母三遷) 이라 했다.

이제 잘 알겠니? 엉뚱아~!

이녀석 학교 갔다 집으로 안 오고 매일 놀러만 다니니, 나도 맹자의 어머니처럼 맹모삼천은 아니더라도 회초리는 때려줘야 겠구나!

우앙~ 잘못 했어요.

孟母三遷
맹모삼천

**孟** : 맏 **맹**  **母** : 어머니 **모**  **三** : 셋 **삼**  **遷** : 옮길 **천**

맹모삼천지교(孟母三遷之敎)의 준말로 맹자의 어머니가 맹자를 교육시키기 위하여 묘지(墓地)·시장(市場)·학교(學校) 부근으로 세 번 집을 옮겼다는 고사에서 나온 말입니다. 아동 교육에 미치는 환경의 중요성을 강조할 때 흔히 인용되는 성어입니다.

海로 漢字語 만들기

보기 와 같이 빈 칸에 알맞게 쓰세요.

地中海(지중해) 지방은 기온이 높고 비가 많이 와 포도, 올리브, 오렌지, 레몬 등의 과수 재배에 적합하다.

1.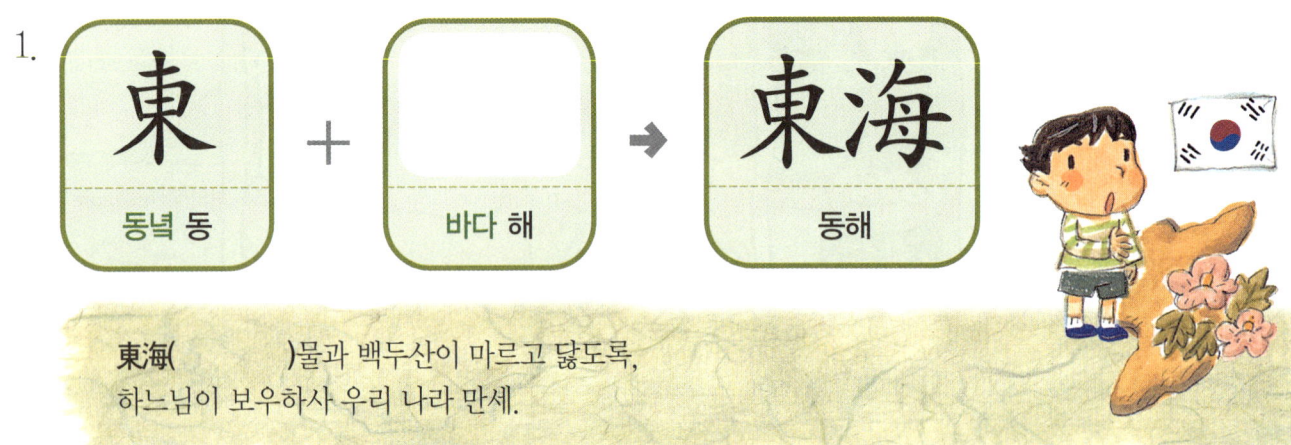

東海(    )물과 백두산이 마르고 닳도록, 하느님이 보우하사 우리 나라 만세.

2.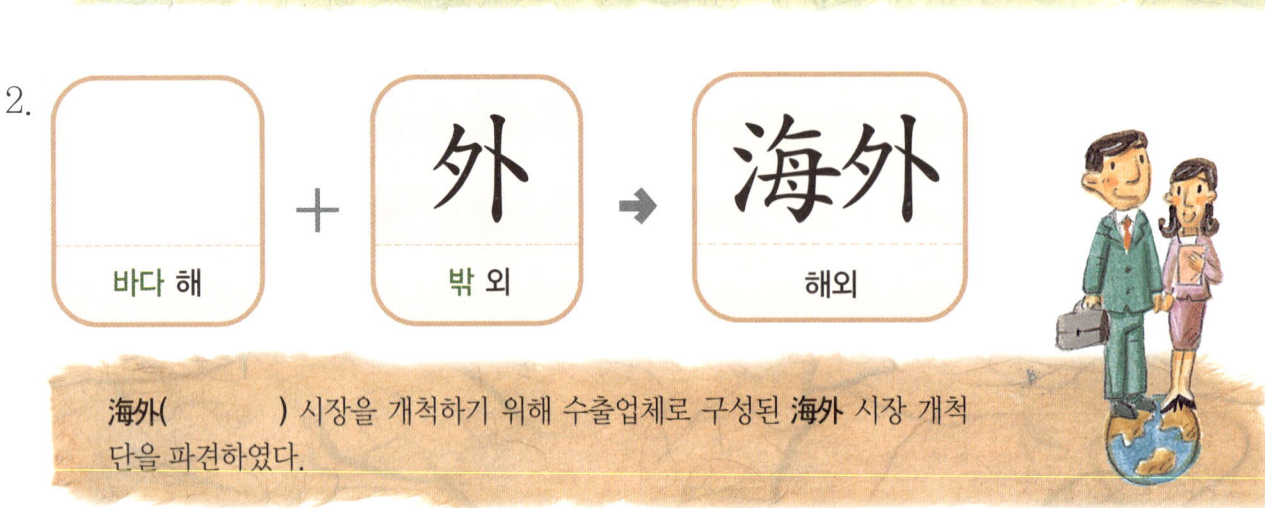

海外(    ) 시장을 개척하기 위해 수출업체로 구성된 海外 시장 개척단을 파견하였다.

地 : 땅 지(C3-9)   中 : 가운데 중(A4-15)   東 : 동녘 동(D4-14)   外 : 밖 외(C2-5)

海를 필순에 맞게 쓰세요.

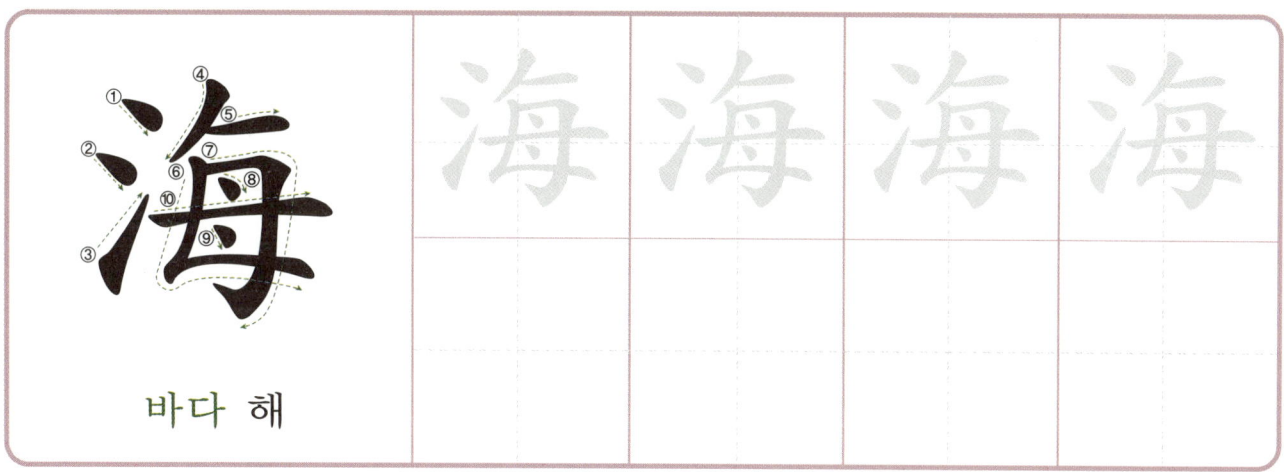

바다 해

빈 칸에 海를 써 넣어 한자어를 만들고, 그 뜻을 읽어 보세요.

地中海(지중해) : 아프리카, 아시아, 유럽으로 둘러싸인 바다

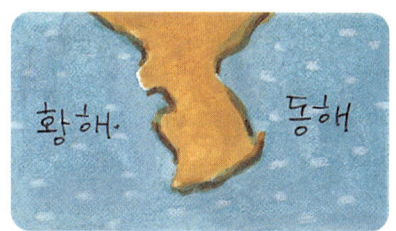

東海(동해) : 동쪽 바다

 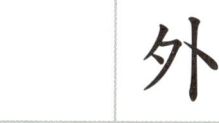 

海外(해외) : 바다의 밖, 곧 외국

기탄한자 F1-41b

## 洋으로 漢字語 만들기

보기 와 같이 빈 칸에 알맞게 쓰세요.

**보기**

東 (동녘 동) + 洋 (큰바다 양) → 東洋 (동양)

자! 이 강이 바로 **東洋(동양)** 문명의 발상지인 황하입니다.

1. 西 (서녘 서) + ☐ (큰바다 양) → 西洋 (서양)

"우리 나라가 일본의 침략을 받고 시달리는 것은 나라의 힘이 약한 까닭이다. 나라의 힘을 기르려면 **西洋(    )** 문물을 받아들이고 신학문을 배워야 한다."

2. 海 (바다 해) + ☐ (큰바다 양) → 海洋 (해양)

5학년이 되면서 **海洋(    )** 소년단에 가입하여 활동하게 되었다. 드넓은 바다에 대해서 많은 것을 공부하고, 여러 가지 활동을 할 생각을 하니 벌써부터 가슴이 뛴다.

확인하기  東 : 동녘 동(D4-14)    西 : 서녘 서(D4-14)

F1-42a 기탄한자

洋을 필순에 맞게 쓰세요.

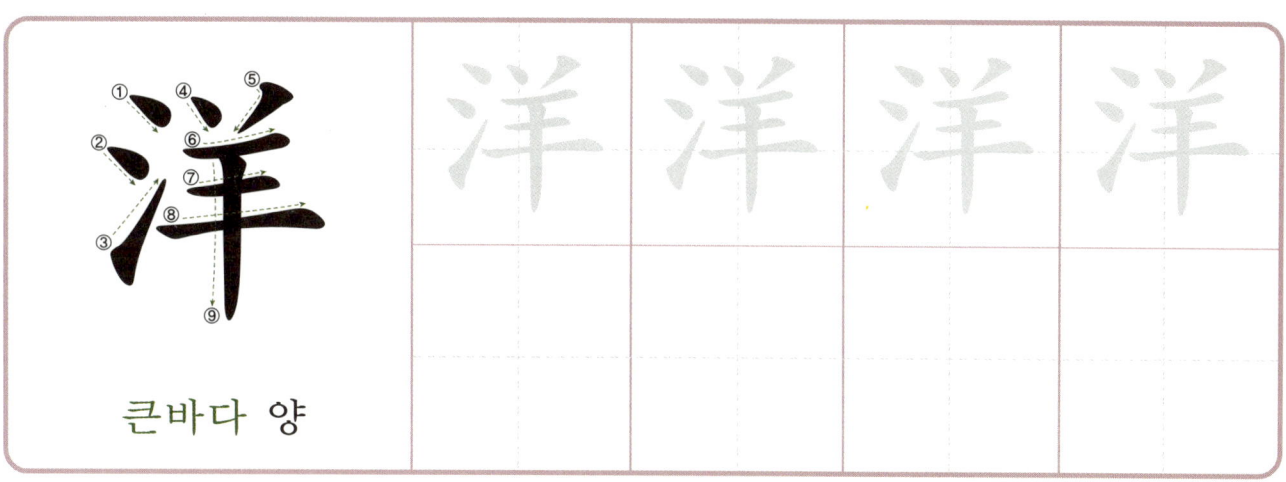

큰바다 양

빈 칸에 洋을 써 넣어 한자어를 만들고, 그 뜻을 읽어 보세요.

 　 東 　 東 　 東

東洋(동양) : 동쪽 아시아 일대

 　 海 　 海 　 海

海洋(해양) : 넓은 바다

 　 西 　 西 　 西

西洋(서양) : 동양에서, 유럽과 미주 여러 나라를 이르는 말

## 술술술 漢字동화

동화를 읽고 보기 에서 알맞은 한자나 음을 찾아 쓰세요.

# 백일홍 이야기 1

거센 바람과 세찬 비가 쏟아지는 어느 날, 한 처녀가 바닷가를 걷고 있었습니다. 그런데 모래밭에 한 靑年 □□ 이 쓰러져 있는 것을 보았지요. 처녀는 청년을 집으로 데리고 와 얼굴 □ 을 씻기고 □ 정성껏 보살폈습니다.

얼마 후 청년은 정신을 차렸습니다. 청년은 아름다운 처녀를 보고 깜짝 놀랐습니다. 그러나 처녀의 얼굴에는 늘 근심이 가득했습니다.

"무슨 걱정이라도 있나요?"

"사실 우리 마을 앞 바다에는 무서운 이무기가 살고 있는데, 그 이무기는 오랫동안 出漁 □□ 하는 배들을 괴롭혀 왔어요. 그래서 일 년에 한 번씩 이무기에게 제물을 바치는데 올해는 제가 그 제물이 될 차례입니다."

보기: 출어  청년  容  洗  海洋

청년은 그 처녀가 무척 가여웠습니다.

"걱정 마세요. 제가 그 이무기를 해치우겠습니다."

"그게 정말인가요?"

"사실 저는 용왕의 아들입니다. 동쪽 **해양** □□ 에서 못된 이무기들이 어부들을 괴롭힌다는 소문을 듣고 세상에 나왔지요. 원래 이무기는 두 마리인데 한 놈은 물리쳤습니다. 이제 한 놈만 없애면 됩니다. 제가 이무기를 없애고 돌아올 때까지 기다려 주시겠습니까?"

"백일 후에 돌아오겠습니다. 그때 저와 결혼해 주십시오."

– 계속 –

出 : 날 출(C2-5)　　靑 : 푸를 청(D1-1)　　年 : 해 년(E2-7)　　容 : 얼굴 용(F1-2)

## 漁로 漢字語 만들기

보기 와 같이 빈 칸에 알맞게 쓰세요.

**보기**

漁 (고기잡을 어) + 夫 (남편 부) → 漁夫 (어부)

漁夫(어부)들이 바다에 나가서 그물이나 낚시로 물고기를 잡는다.

1. ☐ (고기잡을 어) + 村 (마을 촌) → 漁村 (어촌)

우리 漁村(　　)은 배마다 레이더가 장착되고, 양식장도 과학화되어 참 편리해.

2. 出 (날 출) + ☐ (고기잡을 어) → 出漁 (출어)

오징어잡이 배는 어두운 밤에 出漁(　　)한다. 出漁할 때는 칠흑 같은 어둠 속에서 오징어를 끌어 모으는 수십 수천 개의 집어등이 휘황한 빛을 낸다.

확인하기 夫 : 남편 부(G1-1)　村 : 마을 촌(F2-7)　出 : 날 출(C2-5)

🖊 漁를 필순에 맞게 쓰세요.

고기잡을 어

📖 빈 칸에 漁를 써 넣어 한자어를 만들고, 그 뜻을 읽어 보세요.

| | 夫 | | 夫 | | 夫 |

漁夫(어부) : 고기잡이를 업으로 하는 사람

| | 村 | | 村 | | 村 |

漁村(어촌) : 어민이 모여 사는 바닷가에 있는 마을

| 出 | | 出 | | 出 | |

出漁(출어) : 바다로 고기를 잡으러 나감

# 洗로 漢字語 만들기

보기 와 같이 빈 칸에 알맞게 쓰세요.

**보기**

洗 (씻을 세) + 手 (손 수) → 洗手 (세수)

인규는 **洗手(세수)**도 하지 않고, 마당에 우두커니 서서 아버지를 생각했습니다.

1.

☐ (씻을 세) + 車 (수레 거/차) → 洗車 (세차)

아버지는 일요일마다 **洗車(　　　)**를 하신다. 자동차의 겉과 바퀴 등에 묻은 흙과 먼지를 깨끗이 닦아내신다.

2.

☐ (씻을 세) + 面 (얼굴 면) → 洗面 (세면)

수학 여행을 왔다는 기쁨도 잠시, 하루 종일 이곳저곳을 관람한 우리들은 **洗面(　　　)**을 하자마자 잠들었다.

확인하기 手 : 손 수(A3-11)  車 : 수레 거/차(B2-5)  面 : 얼굴 면(B4-15)  • 車는 '거'로 소리가 나기도 합니다. 예) 人力車(인력거), 自轉車(자전거)

洗를 필순에 맞게 쓰세요.

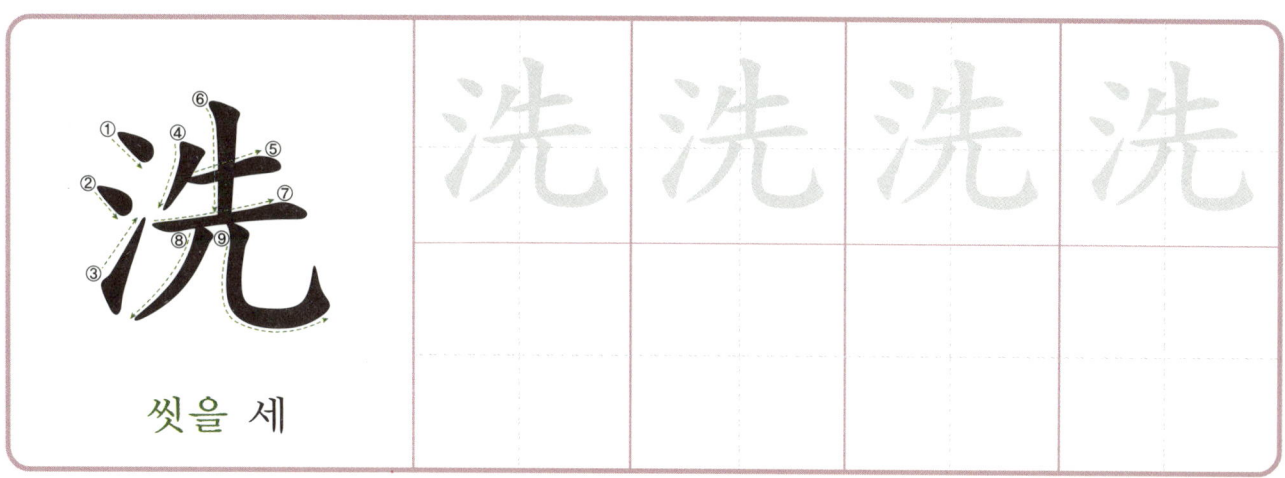

씻을 세

빈 칸에 洗를 써 넣어 한자어를 만들고, 그 뜻을 읽어 보세요.

| | 手 | | 手 | | 手 |

洗手(세수) : 얼굴을 씻음

| | 車 | | 車 | | 車 |

洗車(세차) : 차에 묻은 먼지나 흙을 씻는 일

| | 面 | | 面 | | 面 |

洗面(세면) : 얼굴을 씻음

전래동화를 읽고 물음에 답하세요.

# 소금을 만드는 맷돌

옛날 아주 먼 옛날에 한 임금님이 요술 맷돌을 가지고 있었습니다.
"나와라, 밥!" 하면 밥이 나오고, "그쳐라, 밥!" 하면 뚝 그치는 신기한 맷돌이었답니다.
사람들은 모두 그 맷돌을 부러워했어요.

그런데 어느 날, 간 큰 도둑 하나가 궁궐 벽을 훌쩍 넘어 들어와 맷돌을 훔쳐 달아나 버렸어요.
"저 멀리 ㉠동해로 달아나서 ㉡고기잡이나 하며 살아야겠다!"
도둑은 배를 한 척 구해 타고 바다를 건너기 시작했습니다.
"무엇을 나오게 해 볼까? 옳지! 소금을 나오게 하면 큰 돈을 벌 수 있을 거야."
도둑은 맷돌을 돌리면서 쩌렁쩌렁한 목소리로 "나와라, 소금!" 하고 외쳤습니다.
그러자 맷돌에서 꾸물꾸물 하얀 소금이 쏟아져
나왔어요. 소금은 어느새 도둑의 욕심보처럼 산더미 같이 쌓여 갔지요. 그런데 너무 욕심을 부린 탓인지, 배가 기우뚱거리기 시작했습니다.

"큰일이다! 어쩌지?"
도둑은 너무 당황해서 '그쳐라, 소금!' 이라는 말을 잊어버리고 말았어요. 결국 도둑은 맷돌과 함께 바다 속에 가라앉아 버렸습니다. 그 후로도 맷돌은 바다 속에서 쉬지 않고 돌고 있답니다. 바닷물이 짠 이유는 바로 그 맷돌이 끊임없이 소금을 만들어 내고 있기 때문입니다.

1. ㉠을 한자로 바꾸어 쓴 것 중에서 바르게 쓴 것을 고르세요.
   ① 東洋　　② 東河　　③ 東江　　④ 東海

2. ㉡을 뜻하는 한자를 쓰세요.

이번 주에 배운 한자어를 넣어, 그림의 상황에 어울리게 짧은 글을 지어 보세요.

海外

洗車   洗手

## 풀어보기

**1.** 서로 관련 있는 것끼리 선으로 이으세요.

洗 · · 바다 · · 양

洋 · · 큰바다 · · 해

漁 · · 씻을 · · 세

海 · · 고기잡을 · · 어

**2.** 다음 빈 칸에 공통적으로 들어갈 한자를 보기 에서 찾아 쓰세요.

보기   海   洋   漁   洗

| 지중☐ | 동☐ | ☐외 | ☐ |
| ☐부 | ☐촌 | 출☐ | ☐ |
| ☐수 | ☐차 | ☐면 | ☐ |
| 동☐ | 서☐ | 해☐ | ☐ |

3. 다음 밑줄 친 낱말의 뜻에 알맞은 한자를 쓰세요.

- 나는 이다음에 남해 **바다**(　　)에 가서 고기 잡고 사는 게 꿈이야.
- 자녀에게 고기를 잡아주기보다는 **고기 잡는**(　　) 방법을 알려주는 편이 현명하다.
- 끝없이 펼쳐진 **바다**( 洋 ), 망망대해여!
- 세제 대신 쌀 **씻은**(　　) 물로 설거지를 하면 환경 오염을 줄일 수 있다.

4. 서로 관련 있는 것끼리 선으로 이으세요.

海　　　　洋　　　　漁　　　　洗

氵- 총14획　　氵- 총9획　　氵- 총9획　　氵- 총10획

5. 다음 빈 칸에 알맞은 한자어를 보기에서 찾아 쓰세요.

보기　　洗面　　　出漁　　　海外　　　海洋

- 그 곳 주민들은 [출][어]에 앞서 풍어제를 지내는 관습이 있다.
- [세][면]장은 여러 사람이 사용하는 곳이므로 깨끗이 사용해야 한다.
- 바다의 자원이 주목을 받고 있다. 새로운 [해][양] 자원을 개발해야 한다.
- 요즘은 많은 사람들이 [해][외]로 여행을 갑니다.

# 지명의 유래-왕십리

여러분들이 살고 있는 동네의 이름은 무엇인가요?
동네 이름을 보면 많은 이름들이 한자로 되어 있습니다. 한자를 잘 보면 재미있는 유래가 있는 것을 알 수 있습니다. 예를 들면 효자동(孝子洞)은 효자가 많은 동네, 우이동(牛耳洞)은 소의 귀 모양을 닮은 동네라는 뜻입니다.
여기 재미있는 유래가 있는 동네가 있습니다.

조선을 세운 태조 이성계가 조선을 건국한 후 수도를 고려의 옛날 도읍지에서 다른 곳으로 옮기고자 무학대사에게 명령을 내렸습니다. 무학대사가 도읍지를 찾아 남으로 내려와 한강을 건너자 넓은 들이 한눈에 들어왔습니다. 사방을 살피던 대사는 그 곳이 바로 새 궁궐을 세울 터라 생각하고 흐뭇한 마음으로 잠시 쉬고 있었습니다. 때마침 소를 몰고 가던 한 노인이 무학대사에게 십리를 더 가 궁궐을 지으라고 하였습니다. 그 노인의 말대로 그 곳에서 십리를 더 가 도착한 곳이 지금의 경복궁 자리입니다.

그 후로부터 노인이 무학대사에게 십리를 더 가라고 가르쳐 준 곳을 '갈 왕(往)' 자와 '십리(十里)'를 써서 '왕십리(往十里)'라고 불리게 되었다고 합니다.

**확인하기** 往 : 갈 왕    十 : 열 십(A3-9)    里 : 마을 리(B3-11)

※ 왼쪽의 한자어가 되도록 바르게 연결하세요.

11. 동해 ・　　　・ 出
12. 해외 ・　　　・ 東
13. 출어 ・　　　・ 洗
14. 세면 ・　　　・ 海

・ 面
・ 外
・ 漁
・ 海

※ 다음 빈 칸에 알맞은 한자어를 고르세요.

15. 이번 여름 방학에 가족 모두 [　　] 여행을 다녀왔다.

① 洗車　② 海外　③ 洗手　④ 洗面

16. 지난 휴일에 아빠와 나 [　　]를 했습니다.

① 東海　② 西洋　③ 漁夫　④ 洗車

# 한자 형성평가

## F단계 3호

날짜   월   일   점수

다음 물음에 답하세요.

1. 다음 한자와 음이 바르게 연결되지 않은 것을 고르세요.

   ① 海 – 해    ② 洋 – 양    ③ 漁 – 어    ④ 洗 – 선

2. 다음 한자와 훈이 바르게 연결되지 않은 것을 고르세요.

   ① 漁 – 고기잡을    ② 洋 – 큰바다    ③ 海 – 하늘    ④ 洗 – 씻을

3. 다음 빈 칸에 알맞은 한자와 훈음을 쓰세요.

   ↑
   氵 + 每 →

4. 다음 설명에 알맞은 한자를 쓰세요.

※ 다음 한자어의 음을 쓰세요.

5. 漁夫 [ 부 ]

6. 洗手 [  ][  ]

7. 海洋 [  ]

8. 海外 [  ][  ]

※ 다음 〈보기〉에서 알맞은 한자어를 찾아 쓰세요.

〈보기〉 地中海    洗手    東洋    出漁

9. 아프리카, 아시아, 유럽으로 둘러싸인 바다 ……

10. 동쪽 아시아 일대 ……

다음 보기 에서 알맞은 한자어를 찾아 쓰세요.

보기: 東洋   洗車   海洋   出漁

17. 동[ ] 양[ ]

18. 해[ ] 양[ ]

19. 출[ ] 차[ ]

20. 세[ ] 차[ ]

### 평가 결과 및 향후 진도

| 정답 수 | |
|---|---|
| 16~20문항 | 잘했어요. 다음 4주로 진행하세요. |
| 11~15문항 | 부족해요. 틀린 문제의 한자를 다시 학습한 후 다음 4주로 진행하세요. |
| 10문항 이하 | 많이 부족해요. 이번 으로 복습한 후 다음 으로 진행하세요. |

# F단계 3호 해답

**33a**
1. 택, 관, 편안, 얼굴
2. 얼굴 용, 벼슬 관, 집 택, 편안 안

**33b**
3. 美容, 住宅, 未安, 官家
4. 주택, 관가, 안심, 내용

**34a** 지중해, 동해

**34b** 동양, 서양

**35a** 어촌, 어부

**35b** 세수, 세차

**36a** 氵, 바다, 해

**36b** 바다, 해, 氵, 10획

**37a** 氵, 羊, 큰바다, 양

**37b** 큰바다, 양, 氵, 9획

**38a** 氵, 魚, 고기잡을, 어

**38b** 고기잡을, 어, 氵, 14획

**39a** 氵, 先, 씻을, 세

**39b** 씻을, 세, 氵, 9획

**41a** 1. 海, 동해    2. 海, 해외

**41b** 海, 海, 海

**42a** 1. 洋, 서양    2. 洋, 해양

**42b** 洋, 洋, 洋

**43a** 청년, 容, 洗, 출어

**43b** 海洋

**44a** 1. 漁, 어촌    2. 漁, 출어

**44b** 漁, 漁, 漁

**45a** 1. 洗, 세차    2. 洗, 세면

**45b** 洗, 洗, 洗

**46a** 1. ④    2. 漁

**47a** 1.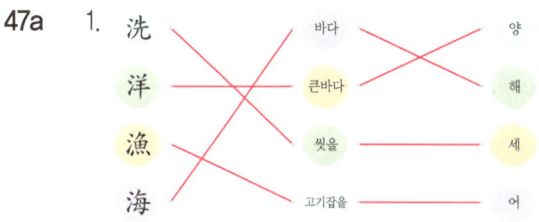

2. 海, 漁, 洗, 洋

**47b** 3. 海, 漁, 洋, 洗

4.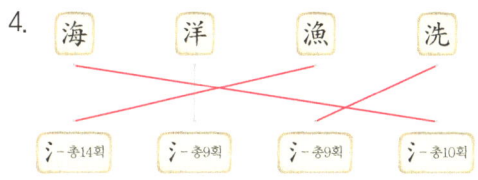

5. 出漁, 洗面, 海洋, 海外

## 형성평가

1. ④
2. ③
3. 海, 바다 해
4. 洋
5. 어부
6. 세수
7. 해양
8. 해외
9. 地中海
10. 東洋
11. 동해
12. 해외
13. 출어
14. 세면
(연결: 11-海, 12-外, 13-出, 14-面 / 東-동, 洗-세, 海-해, 漁-어)
15. ②
16. ④
17. 東洋
18. 海洋
19. 出漁
20. 洗車

**펴낸이** : 정지향
**펴낸곳** : (주)기탄교육
**기획·편집·디자인** : 기탄교육연구소
**주소** : 06698 서울특별시 서초구 효령로 42 기탄출판문화센터
**등록** : 제22-1740호
**전화** : (02)586-1007
**팩스** : (02)586-2337

※서점에 갈 시간이 없거나 구하기 어려운 분은 인터넷 또는 전화로 신청하세요. 즉시 우송해 드립니다.
● www.gitan.co.kr

ⓒ 2005 (주)기탄교육 All rights reserved.
저작권자의 동의 없이 본 교재를 무단으로 복제하거나 전재하는 것을 금합니다.

# F 단계에서 배운 한자들

洋 큰바다 양

漁 고기잡을 어

海 바다 해

洗 씻을 세

| 仁 | 仙 | 信 | 休 | 安 | 宅 | 官 | 容 |
|---|---|---|---|---|---|---|---|
| 어질 인 | 신선 선 | 믿을 신 | 쉴 휴 | 편안 안 | 집 택 | 벼슬 관 | 얼굴 용 |

♥ 엄마가 한자나 한자어를 부르고 아이가 받아쓰도록 합니다.

호

기탄교과서한자 F단계 1집 49a~64a

F1집
1a-64a

F1집
4호
49a-64a

초등 교과서 한자어를 총체 분석한 어휘력 향상 한자 학습 프로그램

# 기탄 교과서 한자

공부한 날    월   일 ~   월   일
            교       반
이름           전화

www.gitan.co.kr

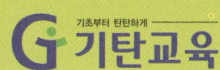
기초부터 탄탄하게
기탄교육

## F단계 학습 한자 일람

| | F단계 | | | | | | |
|---|---|---|---|---|---|---|---|
| 1집 | 仁, 仙, 信, 休<br>安, 宅, 官, 容<br>海, 洋, 漁, 洗 | 2집 | 他, 位, 俗, 保<br>守, 室, 客, 定<br>林, 村, 材, 校 | 3집 | 決, 洞, 注, 流<br>便, 作, 使, 代<br>念, 志, 感, 想 | 4집 | 計, 記, 語, 詩<br>情, 性, 進, 造<br>始, 好, 雲, 雪 |
| | 복습 | | 복습 | | 복습 | | 복습 |

## 학습 진단 관리표

| | 한자 | | 한자어 | | 이번 주는 |
|---|---|---|---|---|---|
| | 읽기 | 쓰기 | 읽기 | 쓰기 | |
| 금<br>주<br>평<br>가 | Ⓐ 아주 잘함<br>Ⓑ 잘함<br>Ⓒ 보통<br>Ⓓ 노력해야 함 | Ⓐ 아주 잘함<br>Ⓑ 잘함<br>Ⓒ 보통<br>Ⓓ 노력해야 함 | Ⓐ 아주 잘함<br>Ⓑ 잘함<br>Ⓒ 보통<br>Ⓓ 노력해야 함 | Ⓐ 아주 잘함<br>Ⓑ 잘함<br>Ⓒ 보통<br>Ⓓ 노력해야 함 | ● 학습방법 ❶ 매일매일 ❷ 가끔 ❸ 한꺼번에 하였습니다.<br>● 학습태도 ❶ 스스로 잘 ❷ 시켜서 억지로 하였습니다.<br>● 학습흥미 ❶ 재미있게 ❷ 싫증내며 하였습니다.<br>● 교재내용 ❶ 적합하다고 ❷ 어렵다고 ❸ 쉽다고 하였습니다. |
| | 지도 교사가 부모님께 | | | | 부모님이 지도 교사께 |

| 종합평가 | Ⓐ 아주 잘함 | Ⓑ 잘함 | Ⓒ 보통 | Ⓓ 노력해야 함 |

## 이번 주 학습 포인트

**1 일차** (49a~52b)
- '복습해요'를 통해 F1집에서 익힌 12자의 훈, 음, 형을 복습합니다.
- F1집에서 익힌 12자의 부수, 총획수, 자원, 훈음을 한 번 더 복습합니다.
- 각 호마다 지닌 한자의 공통점을 복습하여 한자의 생성 원리를 깨닫도록 합니다.

**2 일차** (53a~56b)
- 만화로 고사성어 蛇足의 뜻과 쓰임을 알아보고 적절하게 사용할 수 있습니다.
- 한자어 다지기에서 아직 학습하지 않은 한자는 읽기 위주로 학습합니다.
  예) 美(아름다울 미), 夫(남편 부), 息(숨쉴 식)

**3 일차** (57a~60b)
- 동화 '백일홍 이야기'를 읽고 지금까지 배운 한자를 문장 속에 활용해 학습합니다.
- F1집에서 익힌 12자와 한자어를 쓰기 복습합니다.

**4 일차** (61a~62a)
- F1집에서 익힌 한자어를 재미있는 퍼즐 형식에 담아 풀어보도록 합니다.
- 전래동화 '우렁각시'를 읽고 문장 속에서 한자, 한자어를 익힙니다.

**5 일차** (62b~64a)
- 풀어보기를 통해 F1집에서 익힌 한자와 한자어를 복습합니다.
- '한식엔 왜 찬밥만 먹죠?'를 읽고 한식의 유래를 알고, 형성평가를 풀이하여 학습 성취도를 점검합니다.

# 복습해요

🔎 빈 칸에 알맞은 훈음을 쓰세요.

1. ☐

2. ☐

3. ☐

4. ☐

5. 편안 안

6. ☐

官

容

海

7. 벼슬 관
8. 
9. 

洋

漁

洗

10. 
11. 
12.

🔸 빈 칸에 알맞은 훈음을 쓰고 필순에 맞게 한자를 쓰세요.

1.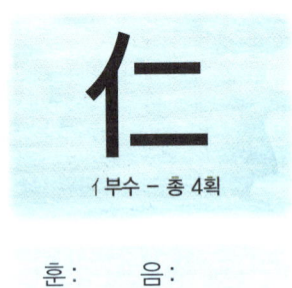
仁
亻부수 - 총 4획

훈:　음:

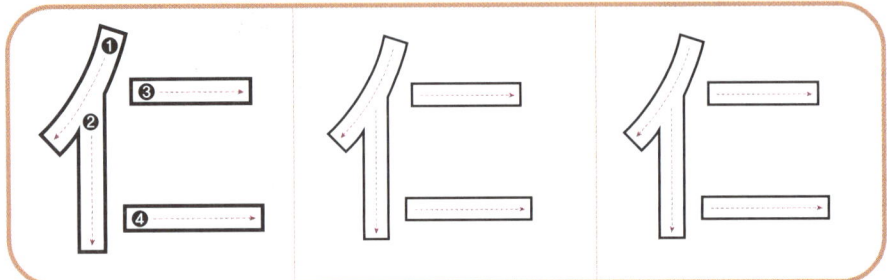

2.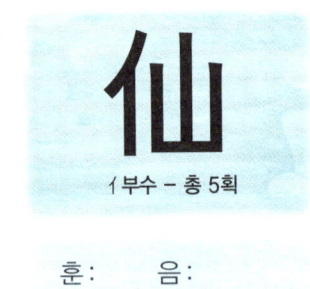
仙
亻부수 - 총 5획

훈:　음:

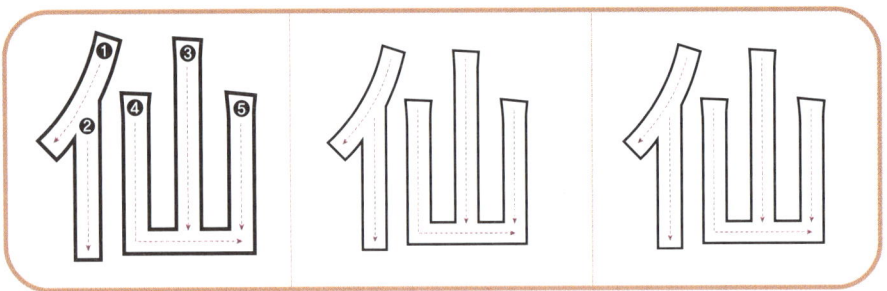

3.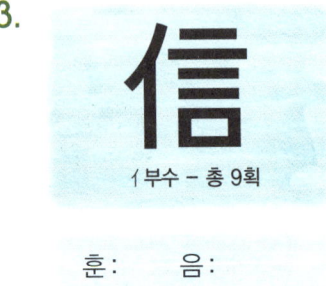
信
亻부수 - 총 9획

훈:　음:

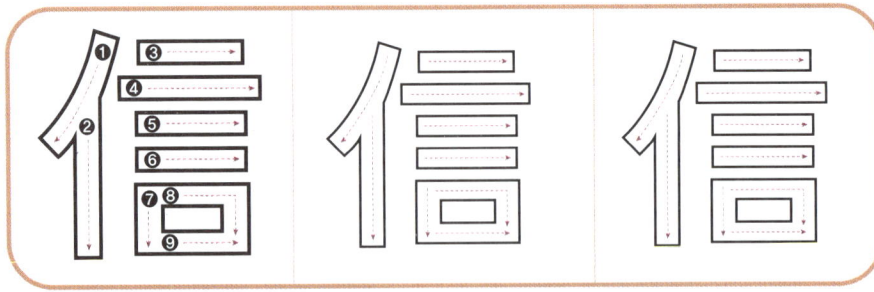

4.
休
亻부수 - 총 6획

훈:　음:

[확인하기] • 亻은 人(사람 인)이 부수로 쓰여 한자의 왼쪽에 놓였으므로 '사람 인변'이라 읽습니다.

빈 칸에 알맞게 쓰세요.

1.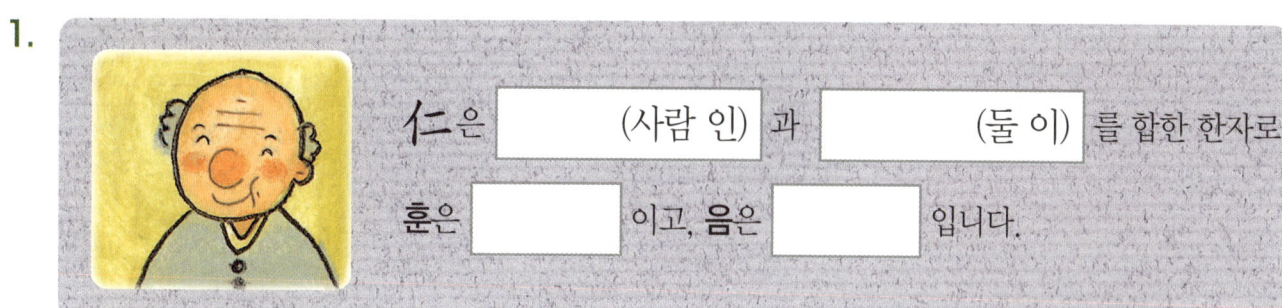
仁은 ☐(사람 인)과 ☐(둘 이)를 합한 한자로 훈은 ☐이고, 음은 ☐입니다.

2.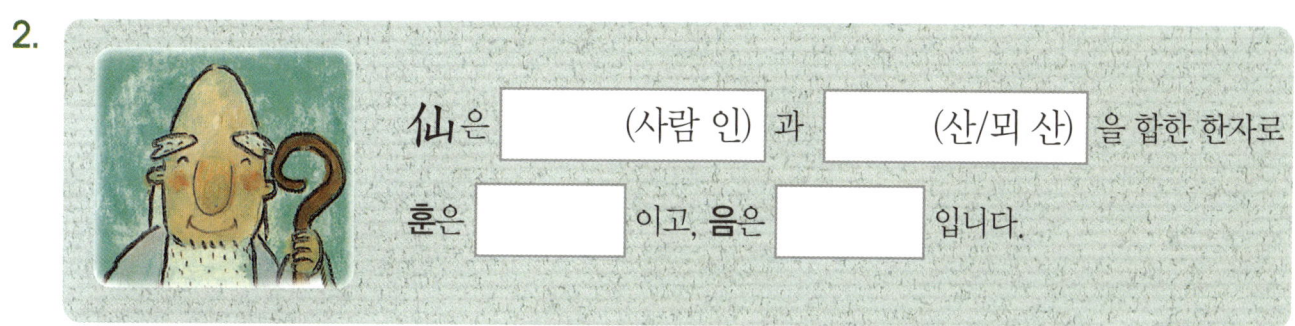
仙은 ☐(사람 인)과 ☐(산/뫼 산)을 합한 한자로 훈은 ☐이고, 음은 ☐입니다.

3.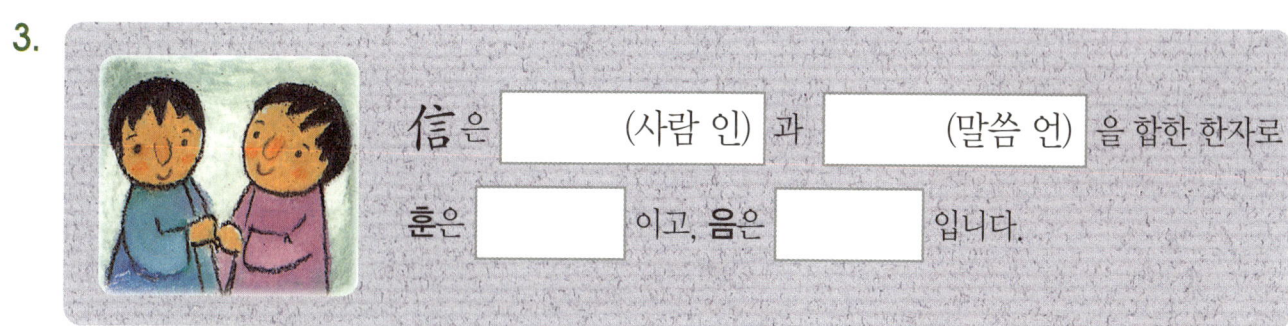
信은 ☐(사람 인)과 ☐(말씀 언)을 합한 한자로 훈은 ☐이고, 음은 ☐입니다.

4.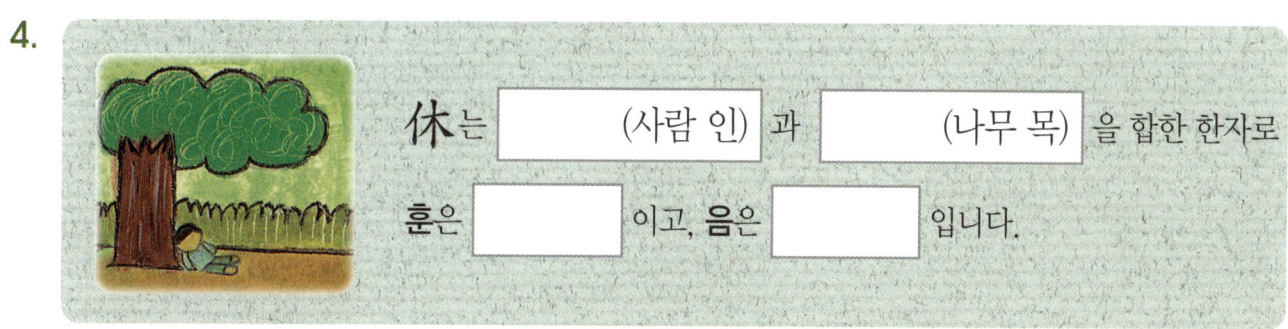
休는 ☐(사람 인)과 ☐(나무 목)을 합한 한자로 훈은 ☐이고, 음은 ☐입니다.

확인하기 二 : 둘 이(A2-5)　山 : 산/뫼 산(A1-1)　言 : 말씀 언(C1-1)　木 : 나무 목(A1-3)

빈 칸에 알맞은 훈음을 쓰고 필순에 맞게 한자를 쓰세요.

1.
   安
   宀부수 - 총 6획
   훈:    음:
   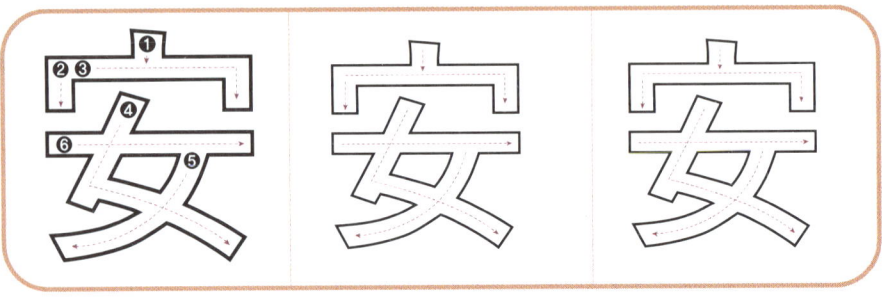

2.
   宅
   宀부수 - 총 6획
   훈:    음:
   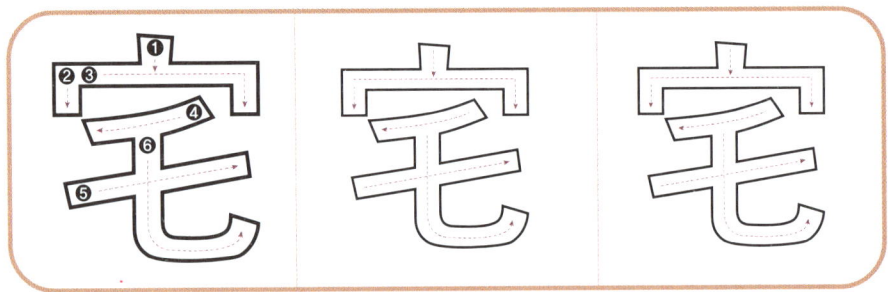

3.
   官
   宀부수 - 총 8획
   훈:    음:
   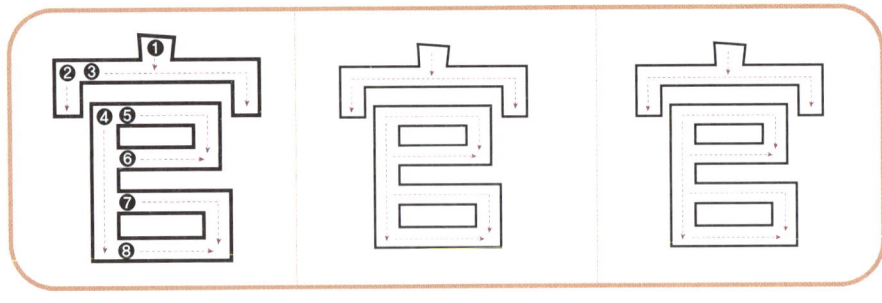

4.
   容
   宀부수 - 총 10획
   훈:    음:
   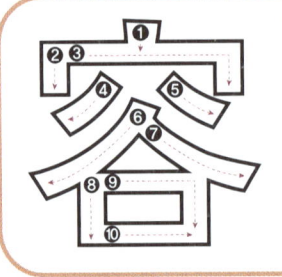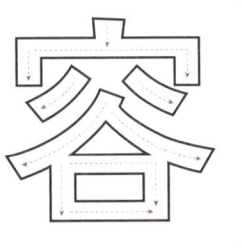

• 宀은 '집 면'으로 '집'과 관련된 뜻을 나타냅니다. 宀은 부수로 쓰여 한자의 위쪽에 쓰이면 '갓머리'라 읽습니다.

🔖 빈 칸에 알맞게 쓰세요.

1.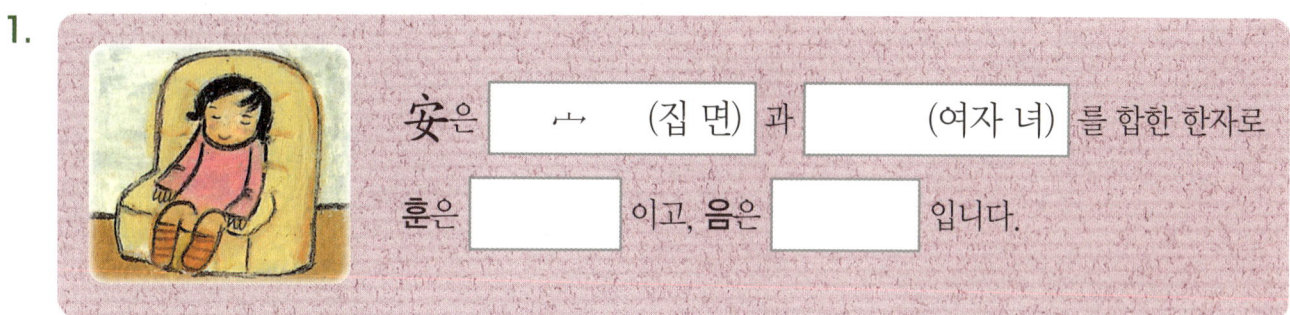
安은 ⼧ (집 면)과 　　(여자 녀)를 합한 한자로 훈은 　　이고, 음은 　　입니다.

2.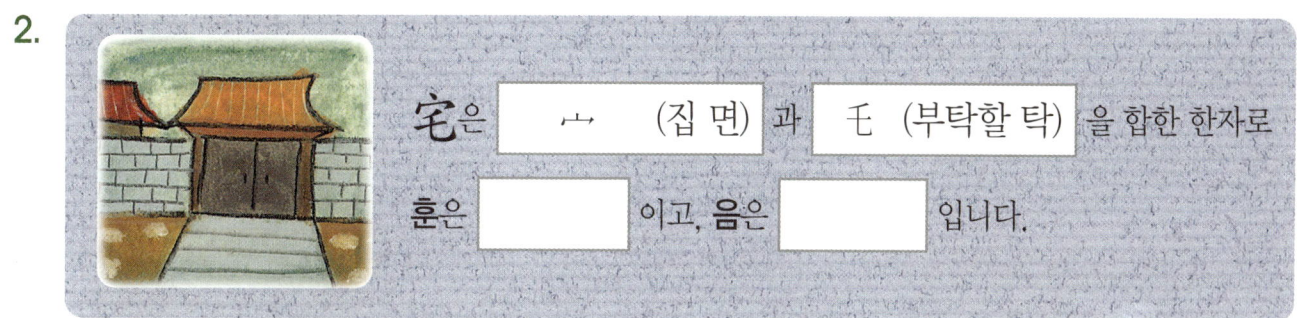
宅은 ⼧ (집 면)과 乇 (부탁할 탁)을 합한 한자로 훈은 　　이고, 음은 　　입니다.

3.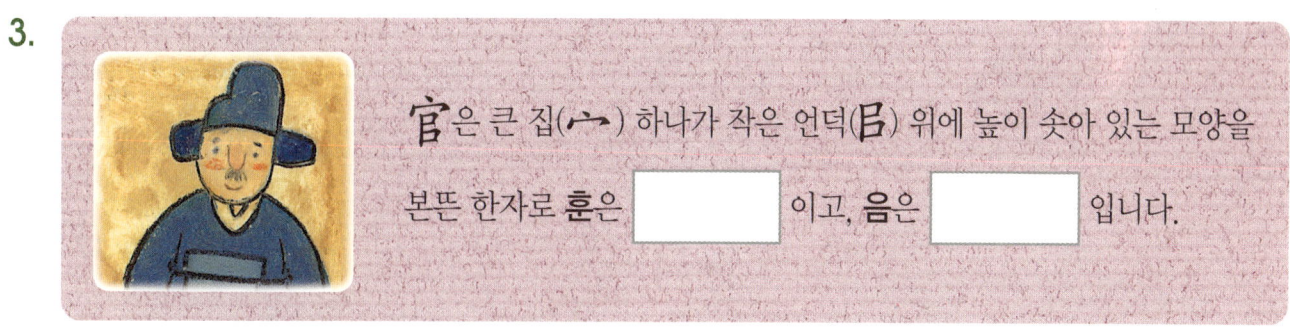
官은 큰 집(⼧) 하나가 작은 언덕(𠂤) 위에 높이 솟아 있는 모양을 본뜬 한자로 훈은 　　이고, 음은 　　입니다.

4.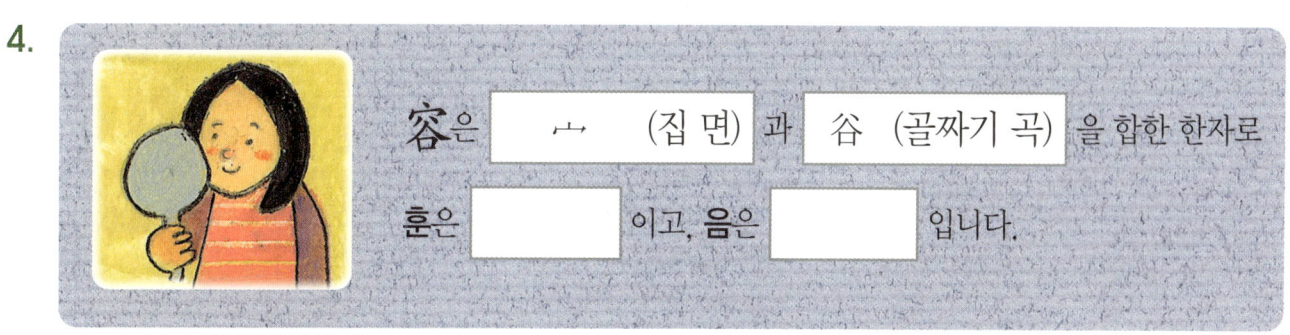
容은 ⼧ (집 면)과 谷 (골짜기 곡)을 합한 한자로 훈은 　　이고, 음은 　　입니다.

확인하기  女 : 여자 녀(B4-14)    乇 : 부탁할 탁    谷 : 골짜기 곡    • 宅은 택, 댁 두 가지로 읽습니다. 예) 住宅(주택) 宅内(댁내)

 빈 칸에 알맞은 훈음을 쓰고 필순에 맞게 한자를 쓰세요.

1.  海
    氵부수 – 총 10획
    훈:   음:

2.  洋
    氵부수 – 총 9획
    훈:   음:

3.  漁
    氵부수 – 총 14획
    훈:   음:

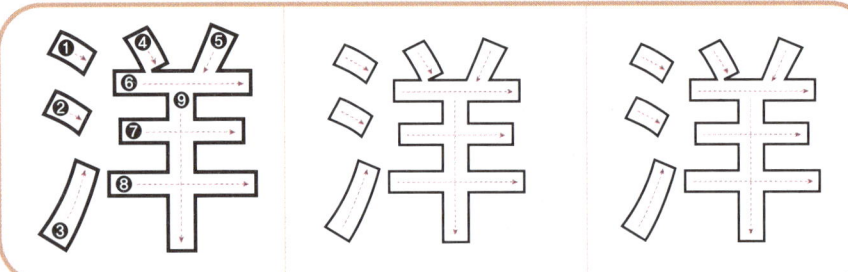

4.  洗
    氵부수 – 총 9획
    훈:   음:

• 氵는 水(물 수)가 부수로 쓰여 한자의 왼쪽에 놓였으므로 '삼수변'이라 읽습니다.

빈 칸에 알맞게 쓰세요.

1.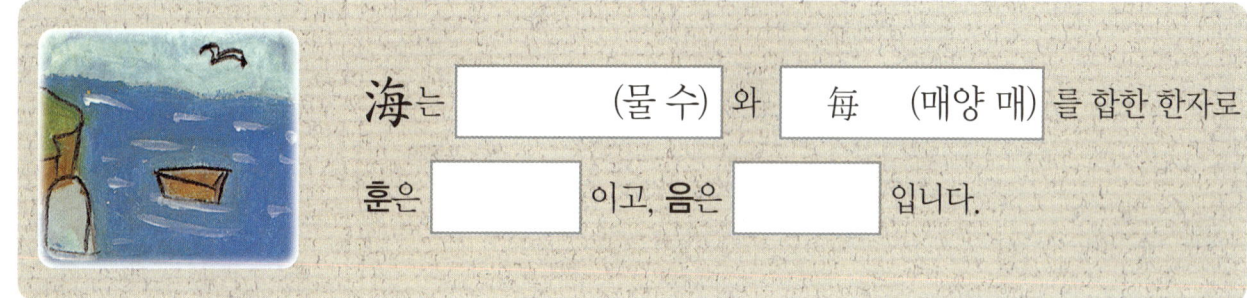
海는 ☐(물 수)와 每 (매양 매)를 합한 한자로
훈은 ☐ 이고, 음은 ☐ 입니다.

2.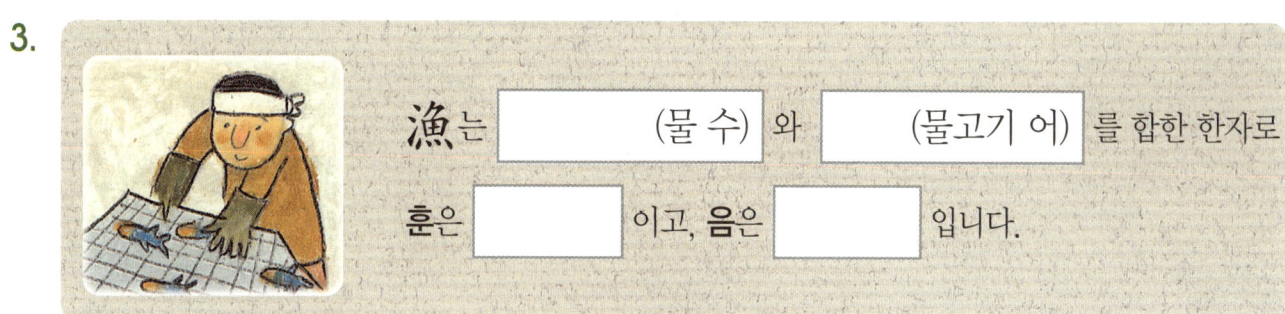
洋은 ☐(물 수)와 ☐(양 양)을 합한 한자로
훈은 ☐ 이고, 음은 ☐ 입니다.

3.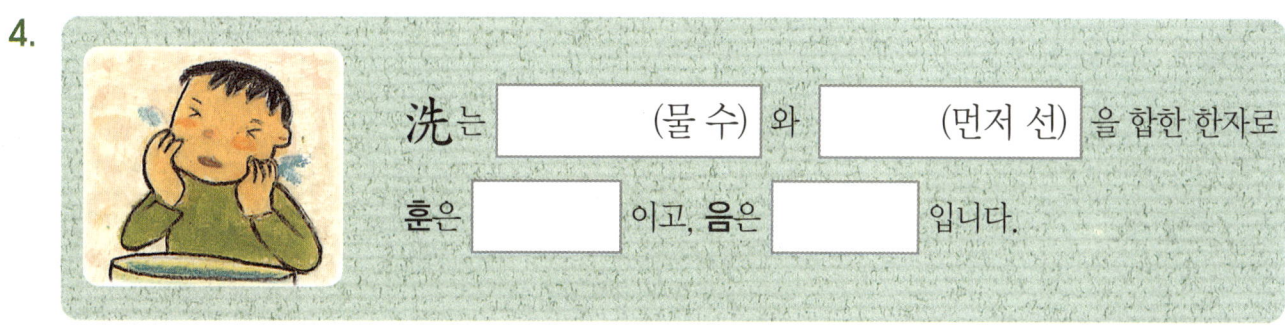
漁는 ☐(물 수)와 ☐(물고기 어)를 합한 한자로
훈은 ☐ 이고, 음은 ☐ 입니다.

4.
洗는 ☐(물 수)와 ☐(먼저 선)을 합한 한자로
훈은 ☐ 이고, 음은 ☐ 입니다.

每 : 매양 매   羊 : 양 양(B1-1)   魚 : 물고기 어(B3-9)   先 : 먼저 선(E2-7)

내 생각엔 뒷자석에 TV가 달려 있으면 좋겠어. 장거리 여행시 덜 심심하게. 오! 그리고 원두 커피도 나오게 하고…….

하늘을 날게 하는건 어떨까? 어렸을 때부터 변신 자동차가 갖고 싶었어.

저, 엉뚱 회장님. 그렇게 되면 가격이 올라가서…….

시끄럽군! 자네는 내가 시키는대로 하게.

씽씽이 발표날

여러분! 제일그룹의 명차

씽씽이를 소개합니다.

엄청난 기능의 기능성 자동차

뭐~ 뭐야? 저게 차야? 요란하기만 하네. 쓸모없는 기능만 가득하네.

제일그룹의 명차 씽씽이는 너무 많은 사족(蛇足)과 같은 기능으로 인해 소비자들에게 외면 당했다.

마.. 망했다.

## 蛇足 사족

蛇 : 뱀 사   足 : 발 족

하지 않아도 되는 쓸데 없는 일을 덧붙여 하다가 도리어 일을 그르침을 이르는 말입니다. 옛날에 한 동이의 술을 놓고 뱀을 빨리 그리는 사람이 먹기로 하였었는데 어떤 이가 먼저 그렸지만 뱀의 발까지 그려 술을 얻지 못하였다는 비유에서 나온 성어입니다.

# 漢字語 다지기

仁 仙 信 休

🔸 그림과 한자어를 연결하고 빈 칸에 음을 쓰세요.

1.    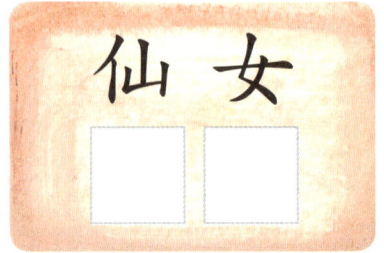 仙女

2.    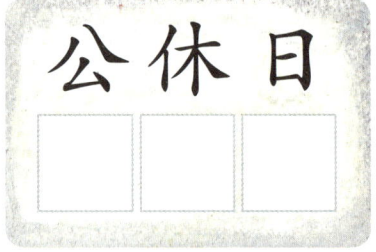 公休日

3.    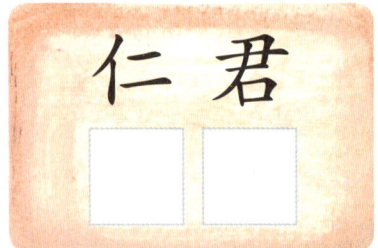 仁君

4.     自信

**확인하기** 女 : 여자 녀(B4-14)   公 : 공평할 공(D2-5)   日 : 날/해 일(A1-1)   君 : 임금 군(C4-13)   自 : 스스로 자(B2-6)

빈 칸에 알맞게 쓰세요.

1.
仁
☐☐ (인군) : 어진 임금
☐☐ (인천) : 경기도 중서부의 광역시

2.
仙
☐☐ (선녀) : 선경에 산다는 여자 신선
仙人(☐☐) : 신선. 선도를 닦아 신통력을 얻은 사람

3.
信
☐☐ (자신) : 어떤 일에 넉넉히 담당할 수 있다고 스스로 믿음
信用(☐☐) : 언행이나 약속이 틀림이 없을 것으로 믿음

4.
休
休息 (휴식) : 일을 하거나 길을 가다가 잠깐 쉬는 일
公休日(☐☐☐) : 공적으로 정해진 휴일

확인하기 川 : 내 천(A1-1)　人 : 사람 인(A3-11)　用 : 쓸 용(D1-3)　息 : 숨쉴 식

## 漢字語 다지기
安 宅 官 容

🐾 그림과 한자어를 연결하고 빈 칸에 음을 쓰세요.

1.

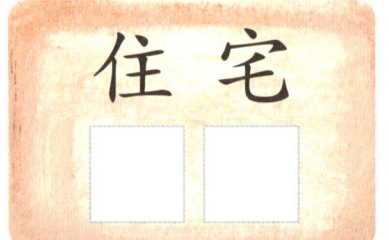
住宅
☐ ☐

2.

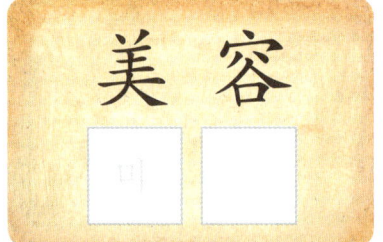
美容
미 ☐

3.

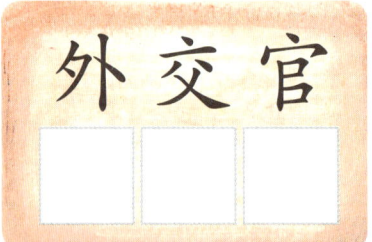
外交官
☐ ☐ ☐

4.

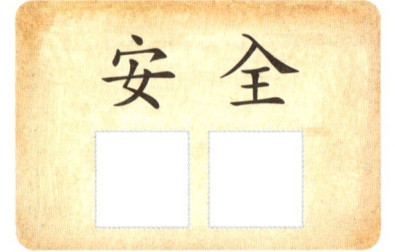
安全
☐ ☐

확인하기　住 : 살 주(D1-2)　　美 : 아름다울 미(G1-1)　　外 : 밖 외(C2-5)　　交 : 사귈 교(C1-2)　　全 : 온전 전(D3-10)

빈 칸에 알맞게 쓰세요.

1.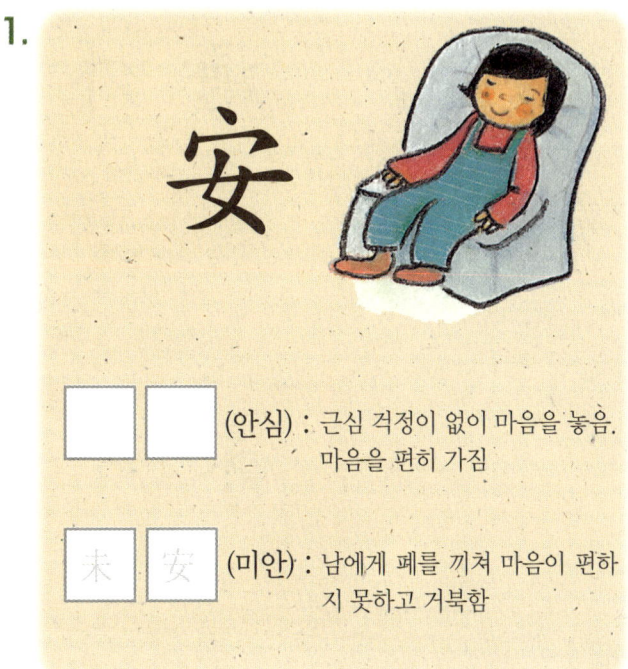

   ☐☐ (안심) : 근심 걱정이 없이 마음을 놓음. 마음을 편히 가짐

   未 安 (미안) : 남에게 폐를 끼쳐 마음이 편하지 못하고 거북함

2.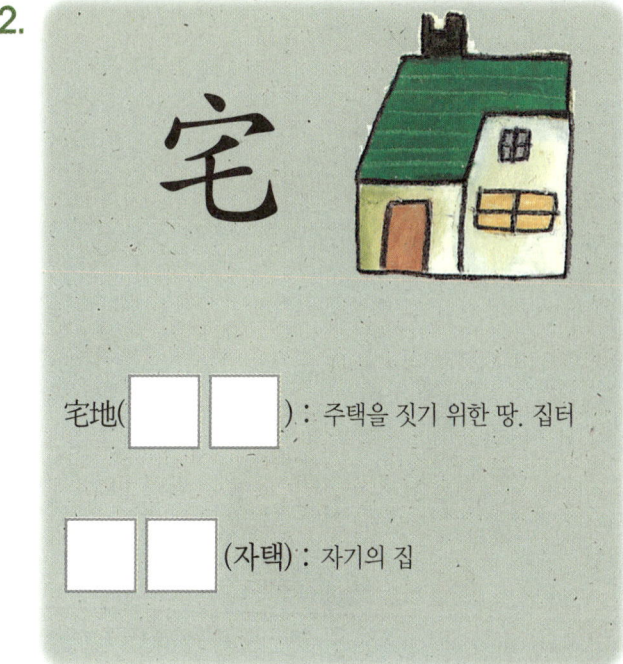

   宅地(☐☐) : 주택을 짓기 위한 땅. 집터

   ☐☐ (자택) : 자기의 집

3.

   官家(☐☐) : 나라 일을 보던 집

   法官(☐☐) : 사법권을 행사하여 형사 및 민사상의 재판을 맡아 보는 공무원

4.

   ☐☐ (내용) : 속에 들어 있는 것

   美容(미용) : 얼굴이나 머리 등을 곱게 매만짐

확인하기 心 : 마음 심(B1-3)　未 : 아닐 미(E3-9)　地 : 땅 지(C3-9)　自 : 스스로 자(B2-6)　家 : 집 가(D4-13)　法 : 법 법(D3-10)
內 : 안 내 (C2-5)

## 漢字語 다지기
海 洋 漁 洗

그림과 한자어를 연결하고 빈 칸에 음을 쓰세요.

1.

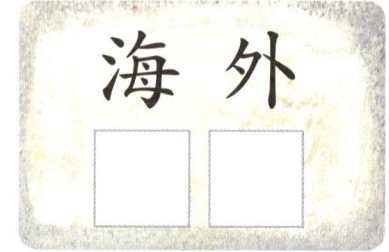
海 外
☐ ☐

2.

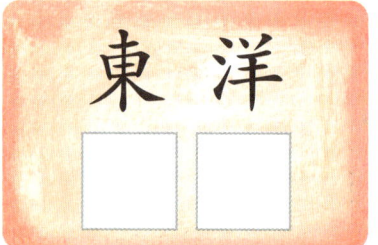
東 洋
☐ ☐

3.

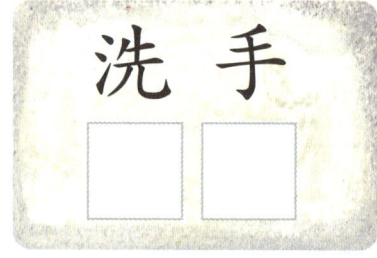
洗 手
☐ ☐

4.

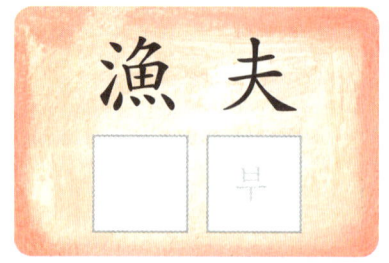
漁 夫
☐ 부

확인하기  外 : 밖 외(C2-5)   東 : 동녘 동(D4-14)   手 : 손 수(A3-11)   夫 : 남편 부(G1-1)

빈 칸에 알맞게 쓰세요.

1. 海
   東海(☐☐) : 동쪽 바다
   ☐☐(해외) : 바다의 밖. 곧 외국

2. 洋
   ☐☐(해양) : 넓은 바다
   西洋(☐☐) : 동양에서 유럽과 미주 여러 나라를 일컫는 말

3. 漁
   漁夫(어부) : 고기잡이를 업으로 하는 사람
   出漁(☐☐) : 바다로 고기를 잡으러 나감

4. 洗
   ☐☐(세수) : 얼굴을 씻음
   洗車(☐☐) : 차에 묻은 먼지나 흙을 씻는 일

확인하기  西 : 서녘 서(D4-14)   出 : 날 출(C2-5)   車 : 수레 거/차(B2-5)

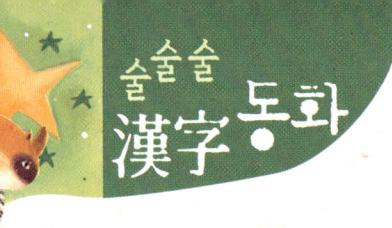

## 술술술 漢字 동화

동화를 읽고 보기 에서 알맞은 한자나 음을 찾아 쓰세요.

### 백일홍 이야기 2

청년은 자신을 돌봐 준 처녀의 **어진** ☐ 마음에 반했던 것입니다.

"흰 돛을 단 배가 돌아오면 제가 이긴 것이고, 붉은 돛을 단 배가 돌아오면 이무기가 이긴 것입니다."

"네. 도련님이 꼭 돌아오시길 **믿어요** ☐."

청년은 다음 날, 배를 타고 **바다** ☐ 로 나갔습니다. 처녀는 하루도 **쉬지** ☐ 않고 **집** ☐ 에서 나와 청년의 **安全** ☐ ☐ 을 빌었습니다.

드디어 백일 째 되는 날, 처녀는 먼 바다가 보이는 절벽에 올라가 두 손을 모으고 기다렸습니다.

보기　休　海　仁　信　宅　容　안전

그 때, 멀리서 가물가물 배 한 척이 다가오는 게 보였습니다. 그런데 이게 웬일이지요? 그 배에서 펄럭이는 것은 붉은 돛이었습니다.

슬픔을 견디지 못한 처녀는 치마로 **얼굴**☐을 감싸고 절벽 아래로 몸을 던지고 말았습니다. 그런데 배가 바닷가에 닿자 사람들은 깜짝 놀랐습니다.

그 배에 청년이 타고 있는 것이 아니겠어요? 이무기와 싸움 끝에 이무기의 피가 튀어 돛이 붉게 물들었던 거지요. 청년은 몹시 슬퍼하며 처녀를 양지바른 곳에 묻어 주었습니다. 그 후 처녀의 무덤에서는 해마다 붉은 꽃이 피어났습니다. 이 꽃은 백일 동안 붉게 피어 백일홍으로 불리게 되었답니다.

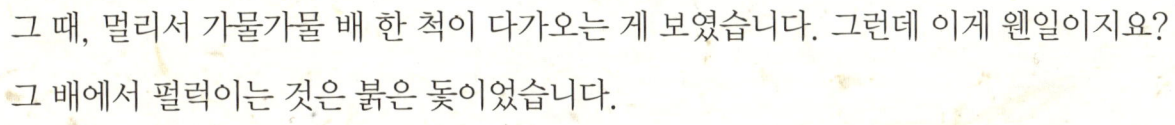

## 마무리 하기

仁 仙 信 休

빈 칸에 알맞은 훈음을 쓰고 필순에 맞게 한자를 쓰세요.

ノ 亻 仁 仁

1. 仁

ノ 亻 仁 仙 仙

2. 仙

ノ 亻 亻 亻 产 卢 信 信 信

3. 信

ノ 亻 亻 什 仕 休

4. 休

빈 칸에 알맞은 한자를 쓰세요.

1. 仁

| 仁祖 | 仁川 | 仁君 |
|---|---|---|
| 인조 | 인천 | 인군 |

2. 仙

| 仙女 | 水仙花 | 仙人 |
|---|---|---|
| 선녀 | 수선화 | 선인 |

3. 信

| 自信 | 信用 | 信念 |
|---|---|---|
| 자신 | 신용 | 신념 |

4. 休

| 公休日 | 休火山 | 休息 |
|---|---|---|
| 공휴일 | 휴화산 | 휴식 |

## 마무리 하기

安 宅 官 容

빈 칸에 알맞은 훈음을 쓰고 필순에 맞게 한자를 쓰세요.

1. 安 　丶丶宀宁安安
　　安

2. 宅 　丶丶宀宁宅宅
　　宅

3. 官 　丶丶宀宁宁官官
　　官

4. 容 　丶丶宀宁宁宏突容容
　　容

빈 칸에 알맞은 한자를 쓰세요.

1. 安

| 安心 | 未安 | 安全 |
|---|---|---|
| 안심 | 미안 | 안전 |

2. 宅

| 住宅 | 宅地 | 自宅 |
|---|---|---|
| 주택 | 택지 | 자택 |

3. 官

| 外交官 | 官家 | 法官 |
|---|---|---|
| 외교관 | 관가 | 법관 |

4. 容

| 內容 | 美容 | 容恕 |
|---|---|---|
| 내용 | 미용 | 용서 |

海洋漁洗 **마무리 하기**

빈 칸에 알맞은 훈음을 쓰고 필순에 맞게 한자를 쓰세요.

丶丶氵汒汒海海海海

1. 海

丶丶氵汒汒泮洋洋

2. 洋

丶丶氵汒汒泮泮渔渔渔渔渔

3. 漁 渔

丶丶氵汒汒沣洸洗

4. 洗

빈 칸에 알맞은 한자를 쓰세요.

1. 海

| 地中[海] | 東[海] | [海]外 |
|---|---|---|
| 지중해 | 동해 | 해외 |

2. 洋

| 東[洋] | 海[洋] | 西[洋] |
|---|---|---|
| 동양 | 해양 | 서양 |

3. 漁

| [漁]夫 | 出[漁] | [漁]村 |
|---|---|---|
| 어부 | 출어 | 어촌 |

4. 洗

| [洗]手 | [洗]車 | [洗]面 |
|---|---|---|
| 세수 | 세차 | 세면 |

## 요리조리 漢字 퍼즐

설명에 맞도록 빈 칸에 알맞은 한자를 써 넣어 퍼즐을 완성하세요.

### 가로열쇠

① 주택 : 사람이 들어 살 수 있게 지은 집
③ 자신 : 어떤 일에 넉넉히 담당할 수 있다고 스스로 믿음
⑤ 지중해 : 아프리카, 아시아, 유럽으로 둘러싸인 바다
⑦ 외교관 : 외교 통상부 장관의 감독 아래 외교 사무에 종사하는 공무원을 통틀어 이르는 말
⑧ 수선화 : 수선화과의 다년초. 지중해 연안 원산의 관상 식물
⑩ 공휴일 : 공적으로 정해진 휴일
⑬ 안심 : 근심 걱정이 없이 마음을 놓음

### 세로열쇠

② 택지 : 주택을 짓기 위한 땅. 집터
④ 신용 : 언행이나 약속이 틀림이 없을 것으로 믿음
⑥ 해외 : 바다의 밖. 곧 외국
⑨ 선녀 : 선경에 산다는 여자 신선
⑪ 휴화산 : 한때 분화한 일이 있으나 지금은 활동하지 않는 화산
⑫ 미안 : 남에게 폐를 끼쳐 마음이 편하지 못하고 거북함

전래동화를 읽고 물음에 답하세요.

# 우렁각시

옛날 어느 깊은 산중에 마음 착한 젊은이가 혼자 살고 있었습니다.
하루는 밭을 갈다가 자기도 모르게 중얼거렸어요.
"이 밭을 갈아 곡식을 거두면 누구랑 먹지?"
"나랑 먹지."
어디선가 ㉠여인의 목소리가 들렸어요. 깜짝 놀란 젊은이는 주위를 둘러보았지만 아무도 없었어요.
"내가 몸이 약해졌나? 헛소리가 다 들리네."
젊은이는 정신을 차리려고 ㉡洗手를 하러 냇가로 갔습니다. 그 때 또 여자 목소리가 들렸어요.
"나를 데려가서 같이 살아요."
소리 나는 곳을 보니, 냇가의 작은 우렁이가 말을 하는 것이었어요.
젊은이는 외롭던 차에 잘 됐다 싶어서 우렁이를 집으로 데려갔습니다.
그리고는 부엌의 물동이에 우렁을 넣어 주었습니다.

그런데 그날부터 아침만 되면 누군가가 몰래 밥을 해 놓는 게 아니겠어요?
젊은이는 몰래 숨어서 과연 그게 누구인가 보기로 했어요.
놀랍게도 그 사람은 바로 물동이에서 나온 우렁이가 변한 색시였지요.
사실 우렁각시는 ㉢서해 용왕님의 딸이었어요.
마음씨 착한 젊은이에게 용왕님이 시집을 보낸 것이었죠.
젊은이는 그 우렁각시를 아내로 맞아 행복하게 살았답니다.

1. ㉠을 한자로 바꾸어 쓰세요.

2. ㉡의 음을 쓰세요.

3. ㉢을 한자로 바꾸어 쓰세요.

1. 다음 한자의 훈음을 쓰세요.

1) 宅            2) 仁            3) 休

4) 容            5) 洋            6) 安

7) 仙            8) 漁            9) 海

10) 洗           11) 官           12) 信

2. 다음 빈 칸에 들어갈 한자를 보기 에서 찾아 쓰세요.

보기   仁 仙 安 休 官 漁 洗 容 海 洋

13) 外交 ☐ …… 외교관          14) 公 ☐ 日 …… 공휴일

15) ☐ 君 …… 인군              16) 內 ☐ …… 내용

17) ☐ 心 …… 안심              18) ☐ 外 …… 해외

19) 東 ☐ …… 동양              20) ☐ 女 …… 선녀

21) 出 ☐ …… 출어              22) ☐ 手 …… 세수

**3.** 다음 풀이와 한자어를 바르게 연결하세요.

23) 신선. 선도를 닦아 신통력을 얻은 사람 •   • 仁川

24) 남에게 폐를 끼쳐 마음이 편하지 못하고 거북함 •   • 住宅

25) 바다의 밖. 곧 외국 •   • 未安

26) 경기도 중서부의 광역시 •   • 仙人

27) 사람이 들어 살 수 있게 지은 집 •   • 海外

**4.** 왼쪽의 한자어가 되도록 바르게 연결하세요.

28) 자신 •   洗   • 洋

29) 선녀 •   安   • 信

30) 해양 •   自   • 車

31) 세차 •   海   • 全

32) 안전 •   仙   • 女

**5.** 다음 훈음에 알맞은 한자를 쓰세요.

33) 믿을 신

34) 편안 안

35) 바다 해

36) 쉴 휴

37) 큰바다 양

38) 신선 선

39) 집 택

40) 고기잡을 어

41) 얼굴 용

42) 씻을 세

43) 어질 인

44) 벼슬 관

# 한식(寒食)엔 왜 찬밥만 먹죠?

옛날 중국 진나라에 문공이라는 사람이 있었습니다.
그는 왕위에 오르기 전에 아버지 헌공에게 추방되어 수십 년 동안 외국을 떠돌아다니며 고생을 하다가 나중에 제후가 되자, 함께 고생했던 많은 사람들에게 벼슬을 나누어 주었습니다.
그런데 19년 동안이나 충성을 다한 개자추라는 신하에게는 그만 깜빡 잊고 벼슬을 주지 않았습니다.

실망한 개자추는 면산에 들어가 숨어 살았습니다.
나중에 문공이 자신의 잘못을 뉘우치고 그를 불렀으나 산에서 나오지 않았습니다.
아무리 불러도 나오지 않자 문공은 그를 나오게 하기 위해 산에다 불을 질렀습니다.
그러나 개자추는 끝내 나오지 않고 불에 타 죽었습니다.

그래서 문공이 크게 슬퍼하며 후회하고 이 날만은 개자추의 혼령을 위로하는 마음으로 불을 피우지 못하게 했다고 합니다.
불을 피우지 못하니 찬밥을 먹을 수 밖에 없었던 것입니다.
여기에서 조상의 묘를 보살피고 찬음식을 먹는 한식(寒食)이 유래되었습니다.

**확인하기** 寒 : 찰 한   食 : 먹을 식(C3-11)

16. 信用의 알맞은 풀이를 고르세요.

① 은행이나 약속이 틀림이 없을 것으로 믿음
② 어진 임금
③ 자기의 집
④ 나라 일을 보던 집

다음 보기 에서 알맞은 한자어를 찾아 쓰세요.

보기: 安心   東海   法官   公休日

17.
공   후   일

18. 법   관

19.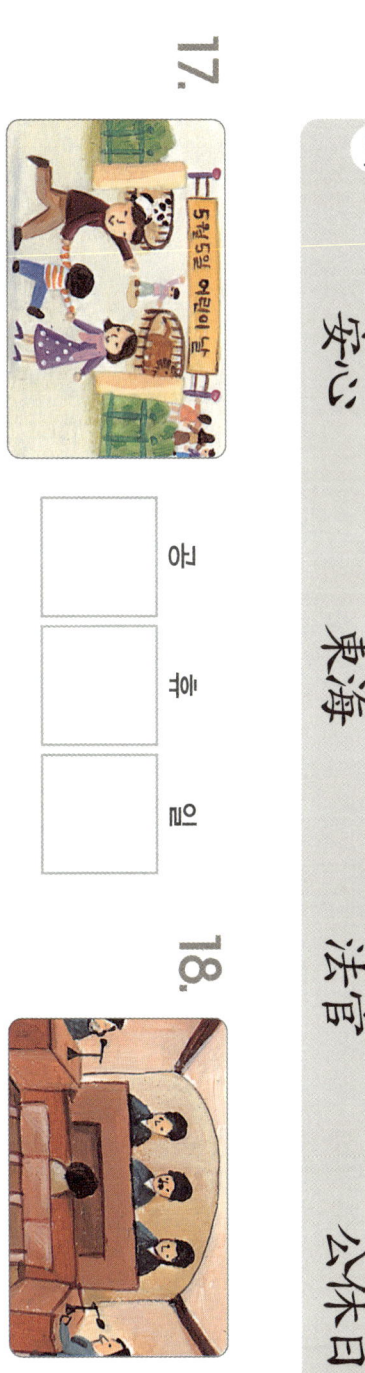
동   해

20. 안   심

| 평가 결과 및 향후 진도 | |
|---|---|
| 정답 수 | |
| 16~20문항 | 잘했어요. F2집 5호로 진행하세요. |
| 11~15문항 | 부족해요. 틀린 문제의 한자를 다시 학습한 후 F2집 5호로 진행하세요. |
| 10문항 이하 | 많이 부족해요. 이번 호를 복습한 후 다음 호로 진행하세요. |

5. 다음 빈 칸에 알맞은 한자와 훈음을 쓰세요.

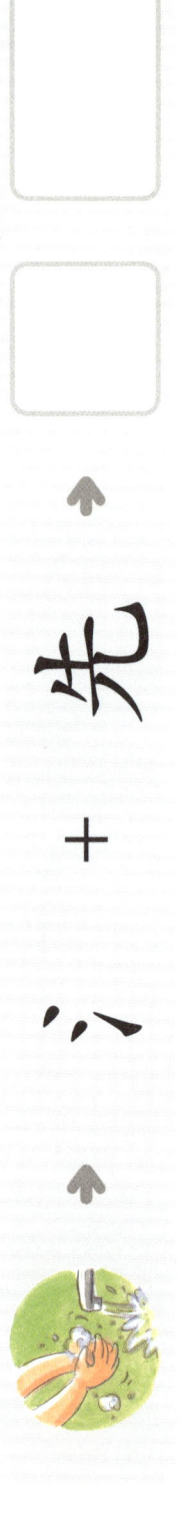

氵 + 先 → □ □

6. 다음 설명에 알맞은 한자를 쓰세요.

亻(사람 인, 人의 변형)과 言(말씀 언)을 합해 만든 한자입니다. 사람(人)에게 있어 말(言)은 가장 중요한 마음의 소리임을 나타낸 한자로 **참되다**, **믿다**의 뜻을 나타낸 한자임니다. ( )

다음 한자어의 음을 쓰세요.

7.
仙 女
□ □

8.
安 全
□ □

9.
洗 手
□ □

10.
信 用
□ □

# 기본한자 형성평가

## F단계 4호

1. 왼쪽의 훈음에 알맞은 한자를 쓰세요.

훈 : 신선
음 : 선

2.

훈 : 얼굴
음 : 용

다음 물음에 답하세요.

3. 다음 한자와 음이 바르게 연결된 것을 고르세요.

① 仁 – 신   ② 宮 – 수   ③ 洋 – 양   ④ 洗 – 선

4. 다음 한자와 훈이 바르게 연결된 것을 고르세요.

① 信 – 설   ② 容 – 얼굴   ③ 漁 – 바다   ④ 宅 – 손님

다음 빈 칸에 공통적으로 들어갈 한자를 〈보기〉에서 찾아 쓰세요.

〈보기〉 漁 仙 洋 宅

11. 네 □, 수□화, □인 …… □

12. 주□, □자, □지 …… □

13. 등□, □서, □해 …… □

다음 물음에 답하세요.

14. '사람이 들어 살 수 있게 지은 집'을 뜻하는 한자어를 고르세요.
① 內容  ② 信用  ③ 住宅  ④ 西洋

15. '집에 묻은 먼지나 때를 씻는 일'을 뜻하는 한자어를 고르세요.
① 海外  ② 出漁  ③ 洗車  ④ 安心

| 仁 | 仙 | 信 | 休 |
|---|---|---|---|
| 어질 인 | 신선 선 | 믿을 신 | 쉴 휴 |

| 安 | 宅 | 官 | 容 |
|---|---|---|---|
| 편안 안 | 집 택 | 벼슬 관 | 얼굴 용 |

| 海 | 洋 | 漁 | 洗 |
|---|---|---|---|
| 바다 해 | 큰바다 양 | 고기잡을 어 | 씻을 세 |

仁 仙 信 休

安 宅 官 容

海 洋 漁 洗

# F단계 4호 해답

**49a** 1. 어질 인   2. 신선 선   3. 믿을 신
4. 쉴 휴   5. 편안 안   6. 집 택

**49b** 7. 벼슬 관   8. 얼굴 용   9. 바다 해
10. 큰바다 양   11. 고기잡을 어   12. 씻을 세

**50a** 1. 어질, 인   2. 신선, 선
3. 믿을, 신   4. 쉴, 휴

**50b** 1. 亻, 二, 어질, 인   2. 亻, 山, 신선, 선
3. 亻, 言, 믿을, 신   4. 亻, 木, 쉴, 휴

**51a** 1. 편안, 안   2. 집, 택
3. 벼슬, 관   4. 얼굴, 용

**51b** 1. 女, 편안, 안   2. 집, 택
3. 벼슬, 관   4. 얼굴, 용

**52a** 1. 바다, 해   2. 큰바다, 양
3. 고기잡을, 어   4. 씻을, 세

**52b** 1. 氵, 바다, 해   2. 氵, 羊, 큰바다, 양
3. 氵, 魚, 고기잡을, 어   4. 氵, 先, 씻을, 세

**54a** 선녀, 공휴일, 인군, 자신

**54b** 1. 仁君, 仁川   2. 仙女, 선인
3. 自信, 신용   4. 休息, 공휴일

**55a** 주택, 미용, 외교관, 안전

**55b** 1. 安心, 未安   2. 택지, 自宅
3. 관가, 법관   4. 内容

**56a** 해외, 동양, 세수, 어부

**56b** 1. 동해, 海外   2. 海洋, 서양
3. 漁夫, 출어   4. 洗手, 세차

**57a** 仁, 信, 海, 休, 宅, 안전

**57b** 容

**61b** ①, ② 宅   ③, ④ 信   ⑤, ⑥ 海
⑦ 交, 官   ⑧ 仙   ⑨ 仙, 女
⑩ 休   ⑪ 休, 山   ⑫ 安
⑬ 安, 心

**62a** 1. 女人   2. 세수   3. 西海

**62b** 1) 집 택   2) 어질 인   3) 쉴 휴
4) 얼굴 용   5) 큰바다 양   6) 편안 안
7) 신선 선   8) 고기잡을 어   9) 바다 해
10) 씻을 세   11) 벼슬 관   12) 믿을 신
13) 官   14) 休   15) 仁   16) 容   17) 安
18) 海   19) 洋   20) 仙   21) 漁   22) 洗

**63a** 23) 신선, 도를 닦아 신통력을 얻은 사람 — 仙人
24) 남에게 폐를 끼쳐 마음이 편안치 못하고 거북함 — 未安
25) 바다의 밖, 곧 외국 — 海外
26) 경기도 중서부의 광역시 — 仁川
27) 사람이 들어 살 수 있게 지은 집 — 住宅
28) 자신 — 自
29) 선녀 — 仙
30) 해양 — 洋
31) 세차 — 洗
32) 안전 — 安

**63b** 33) 信   34) 安   35) 海   36) 休   37) 洋
38) 仙   39) 宅   40) 漁   41) 容   42) 洗
43) 仁   44) 官

## 형성평가

1. 仙   2. 容   3. ③
4. ②   5. 洗, 씻을 세   6. 信
7. 선녀   8. 안전   9. 세수
10. 신용   11. 仙   12. 宅
13. 洋   14. ③   15. ③
16. ①   17. 公休日   18. 法官
19. 東海   20. 安心

펴낸이 : 정지향
펴낸곳 : (주)기탄교육
기획·편집·디자인 : 기탄교육연구소
주소 : 06698 서울특별시 서초구 효령로 42 기탄출판문화센터
등록 : 제22-1740호
전화 : (02)586-1007
팩스 : (02)586-2337

※서점에 갈 시간이 없거나 구하기 어려운 분은 인터넷 또는 전화로 신청하세요. 즉시 우송해 드립니다.
● www.gitan.co.kr

ⓒ 2005 (주)기탄교육 All rights reserved.
저작권자의 동의 없이 본 교재를 무단으로 복제하거나 전재하는 것을 금합니다.

# F 단계에서 배운 한자들

| 海 | 洋 | 漁 | 洗 |
|---|---|---|---|
| 바다 해 | 큰바다 양 | 고기잡을 어 | 씻을 세 |

| 仁 | 仙 | 信 | 休 | 安 | 宅 | 官 | 容 |
|---|---|---|---|---|---|---|---|
| 어질 인 | 신선 선 | 믿을 신 | 쉴 휴 | 편안 안 | 집 택 | 벼슬 관 | 얼굴 용 |

**기획·편집·디자인** 기탄교육연구소 | **디자인** So good
**원고 집필** 서정화 여찬수 김호기 이은영 | **캐릭터 디자인** 강소연 | **일러스트** 1집: 나옥주 안창숙 홍경아 김순영 윤미란 2집: 안창숙 나옥주 홍경아 김하영 이야기상자
3집: 김순영 김은경 김하영 홍숙희 이윤하 4집: 김은경 박선영 김순영 김하영 윤지현 | **만화** 마스터플랜 | **전자 편집** 푸른길
**주소** 06698 서울특별시 서초구 효령로 42 기탄출판문화센터 | **전화** (02) 586-1007 | **팩스** (02) 586-2337
ⓒ 2005 (주)기탄교육 All rights reserved. 본 교재의 저작에 관한 모든 권리는 (주)기탄교육에 있습니다. 저작권자의 동의 없이 본 교재를 무단으로 복제하거나 전재하는 것을 금합니다.

기탄 교과서 한자

# 쓰기 보따리

F1집
1a-64a

기초부터 탄탄하게
G 기탄교육

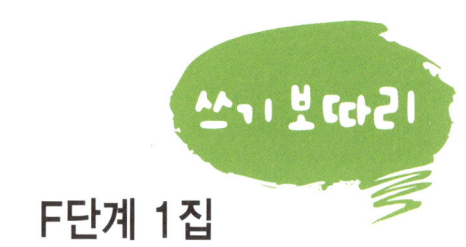

# 기탄 교과서 한자

## F단계 1집

## 필순이란?

한자를 가장 쉽고 편하게 쓰는 순서를 말합니다. 필순에 따라 한자를 쓰면 글자의 형태에 따른 짜임새를 파악하기 쉽고 맵시 있는 모양으로 한자를 써 나갈 수 있습니다.

이와 같이 필순이란 한자의 모양을 정돈하고 바르게 쓰기 위해 오랜 세월동안 연구되어 오고 오늘날까지 전해져 내려온 것이므로 필순에 따라서 한자를 쓰는 것이 바람직합니다. 그러므로 한자마다 일정한 필순을 지니고 있습니다. 그러나 예외가 있는 것도 인정되고 한 글자에 두 가지의 필순이 있는 것도 있습니다. 이는 필순이 서로 다른 것이 존재한다는 것이지 틀린 것이 아닙니다.

예전처럼 붓으로 한자를 쓰던 시대에는 점과 획의 순서와 방향에 따라 글자의 모양도 영향을 받았으나 현재처럼 필기구가 변화되고 컴퓨터에 의한 입력이 대부분인 시대에 와서는 예외적인 필순의 통용이 더욱 증가되는 추세입니다. 하지만 일반적인 필순은 반드시 지켜야 하는 기본 원칙이 존재합니다. 이 기본 원칙은 꼭 지키며 한자를 쓰는 습관이 중요합니다.

F단계 1집에서 익힌 한자와 한자어를 필순의 기본 원칙을 지키며 써 보세요.

# 漢字쓰기

🔊 仁의 훈음을 큰소리로 읽고 필순에 맞게 한자를 쓰세요.

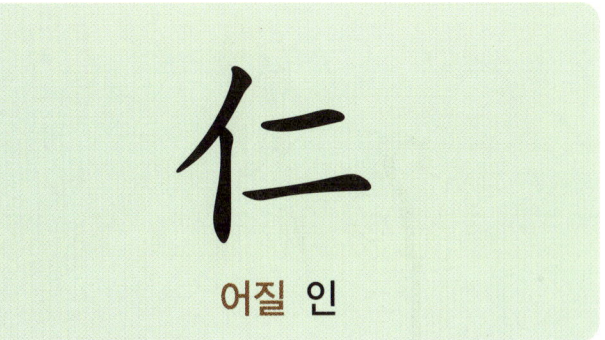

仁
어질 인

ノ 亻 仁 仁

| 仁 | 仁 | 仁 | 仁 |
|---|---|---|---|
| 어질 인 | 어질 인 | 어질 인 | 어질 인 |
|  |  |  |  |
|  |  |  |  |
|  |  |  |  |
|  |  |  |  |

仁
亻 부수 – 총 4획

● 仁으로 만든 한자어 : 仁川(인천)   仁祖(인조)   仁君(인군)

F1집 쓰기 보따리 -1

## 漢字쓰기

仙의 훈음을 큰소리로 읽고 필순에 맞게 한자를 쓰세요.

**신선 선**

ノ 亻 亻 仙 仙

仙 仙 仙 仙

신선 선

亻 부수 - 총 5획

● 仙으로 만든 한자어 : 仙女(선녀)   水仙花(수선화)   仙人(선인)

# 漢字쓰기

信의 훈음을 큰소리로 읽고 필순에 맞게 한자를 쓰세요.

믿을 신

ノ イ イ´ 亻⁻ 亻⁻ 信 信 信 信

믿을 신

信
亻 부수 - 총 9획

● 信으로 만든 한자어 : 信用(신용)    自信(자신)    信念(신념)

 漢字쓰기

休의 훈음을 큰소리로 읽고 필순에 맞게 한자를 쓰세요.

쉴 휴

丿 亻 仁 仕 休 休

休
쉴 휴

休
亻 부수 - 총 6획

● 休로 만든 한자어 : 公休日(공휴일)  休火山(휴화산)  休息(휴식)

# 漢字 쓰기

安의 훈음을 큰소리로 읽고 필순에 맞게 한자를 쓰세요.

安
편안 안

丶 丶 宀 宂 安 安

安  安  安  安
편안 안  편안 안  편안 안  편안 안

安
宀 부수 - 총 6획

● 安으로 만든 한자어 : 未安(미안)   安心(안심)   安全(안전)

# 漢字쓰기

宅의 훈음을 큰소리로 읽고 필순에 맞게 한자를 쓰세요.

집 택

丶 宀 宀 宅 宅 宅

宅
집 택

宀 부수 - 총 6획

● 宅으로 만든 한자어 : 住宅(주택)    自宅(자택)    宅地(택지)

## 漢字쓰기

官의 훈음을 큰소리로 읽고 필순에 맞게 한자를 쓰세요.

官
벼슬 관

丶 宀 宀 宀 官 官

| 官 | 官 | 官 | 官 |
| :---: | :---: | :---: | :---: |
| 벼슬 관 | 벼슬 관 | 벼슬 관 | 벼슬 관 |
|  |  |  |  |
|  |  |  |  |

官
宀 부수 - 총 8획

● 官으로 만든 한자어 : 法官(법관)　官家(관가)　外交官(외교관)

# 漢字쓰기

容의 훈음을 큰소리로 읽고 필순에 맞게 한자를 쓰세요.

容
얼굴 용

丶丶宀宁穴穴𠔉容容

| 容 얼굴 용 | 容 얼굴 용 | 容 얼굴 용 | 容 얼굴 용 |

容
宀 부수 – 총 10획

● 容으로 만든 한자어 : 容恕(용서)   內容(내용)   美容(미용)

漢字쓰기

● 海의 훈음을 큰소리로 읽고 필순에 맞게 한자를 쓰세요.

바다 해

丶丶氵氵汇汇海海海海

| 海 | 海 | 海 | 海 |
|---|---|---|---|
| 바다 해 | 바다 해 | 바다 해 | 바다 해 |
|  |  |  |  |
|  |  |  |  |
|  |  |  |  |

氵부수 – 총 10획

● 海로 만든 한자어 : 地中海(지중해)   東海(동해)   海外(해외)

F1집 쓰기 보따리 -9

# 漢字쓰기

✏️ 洋의 훈음을 큰소리로 읽고 필순에 맞게 한자를 쓰세요.

**큰바다 양**

丶 丶 氵 氵 洋 洋 洋 洋

| 洋 | 洋 | 洋 | 洋 |
|---|---|---|---|
| 큰바다 양 | 큰바다 양 | 큰바다 양 | 큰바다 양 |
|  |  |  |  |
|  |  |  |  |

氵부수 – 총 9획

● 洋으로 만든 한자어 : 東洋(동양)　　西洋(서양)　　海洋(해양)

## 漢字쓰기

✏️ 漁의 훈음을 큰소리로 읽고 필순에 맞게 한자를 쓰세요.

漁
고기잡을 어

丶 丶 冫 氵 氵 氵 沪 沪 渔 渔 渔 渔 漁 漁

| 漁 | 漁 | 漁 | 漁 |
|---|---|---|---|
| 고기잡을 어 | 고기잡을 어 | 고기잡을 어 | 고기잡을 어 |

氵 부수 - 총 14획

● 漁로 만든 한자어 : 漁夫(어부)　漁村(어촌)　出漁(출어)

## 漢字쓰기

✎ 洗의 훈음을 큰소리로 읽고 필순에 맞게 한자를 쓰세요.

씻을 세

丶 丶 氵 氵 汋 汼 浐 洗 洗

洗
씻을 세

洗
氵부수 – 총 9획

● 洗로 만든 한자어 : 洗手(세수)   洗車(세차)   洗面(세면)

# 漢字語 쓰기

🍃 仁이 들어가는 한자어를 알아보고 빈 칸에 한자어를 쓰세요.

仁川(인천) : 경기도 중서부의 광역시

仁君(인군) : 어진 임금

仁祖(인조) : 조선의 제 16대 임금. 선조의 손자이고 아버지는 정원군, 어머니는 인헌왕후이다. 두 차례의 호란을 겪었고 양전, 대동법을 시행하였다. 군제를 정비하였으며 대학자, 대정치가도 배출하였다.

🍃 빈 칸에 알맞은 한자를 써 넣어 仁이 들어가는 한자어를 알아보세요.

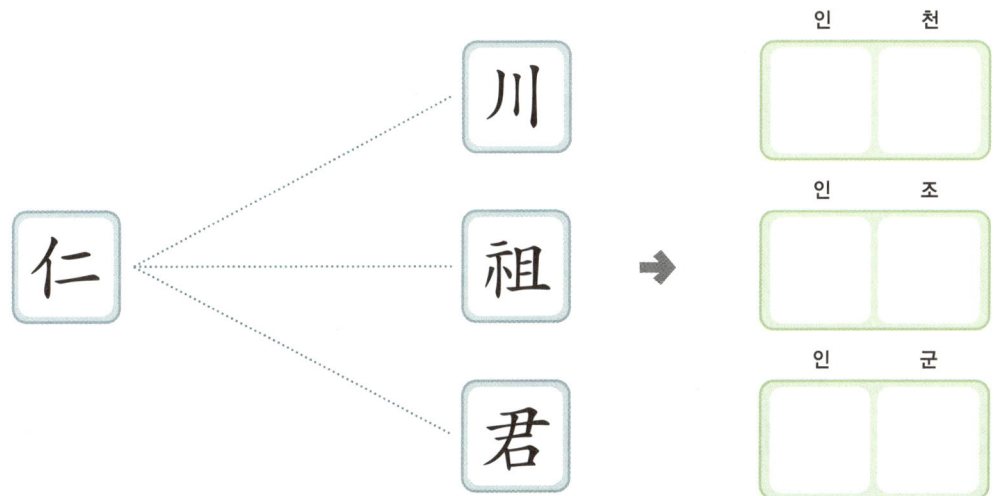

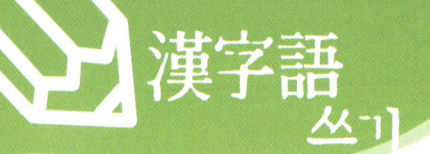

## 漢字語 쓰기

🍃 仙이 들어가는 한자어를 알아보고 빈 칸에 한자어를 쓰세요.

仙女(선녀) : 선경에 산다는 여자 신선

水仙花(수선화) : 수선화과의 다년초. 지중해 연안 원산의 관상 식물

仙人(선인) : 신선. 선도를 닦아 신통력을 얻은 사람

🍃 빈 칸에 알맞은 한자를 써 넣어 仙이 들어가는 한자어를 알아보세요.

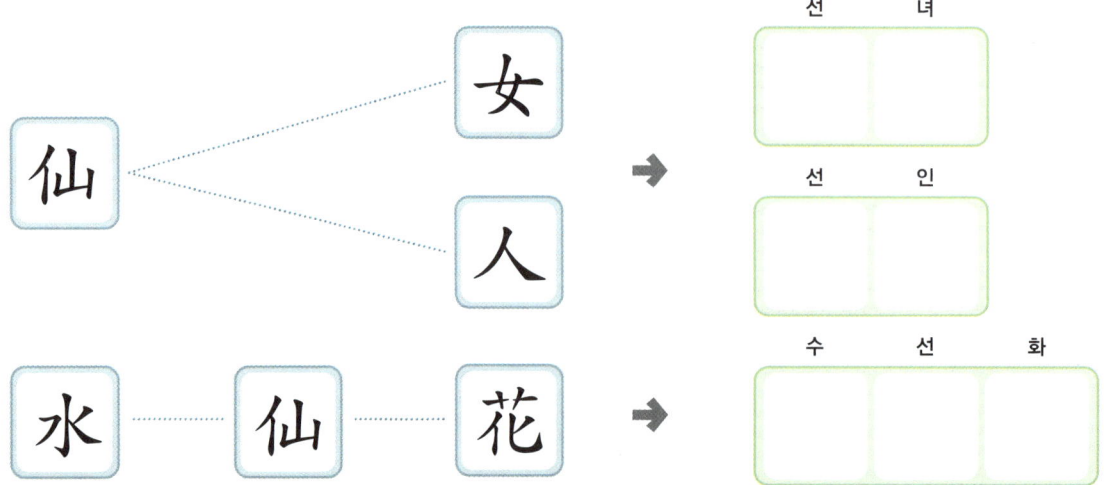

# 漢字語 쓰기

🔖 信이 들어가는 한자어를 알아보고 빈 칸에 한자어를 쓰세요.

信用(신용) : 언행이나 약속이 틀림이 없을 것으로 믿음

  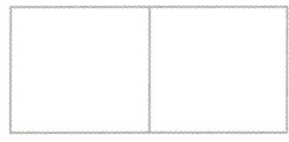 

自信(자신) : 어떤 일에 넉넉히 담당할 수 있다고 스스로 믿음

信念(신념) : 굳게 믿어 의심하지 않는 마음

🔖 빈 칸에 알맞은 한자를 써 넣어 信이 들어가는 한자어를 알아보세요.

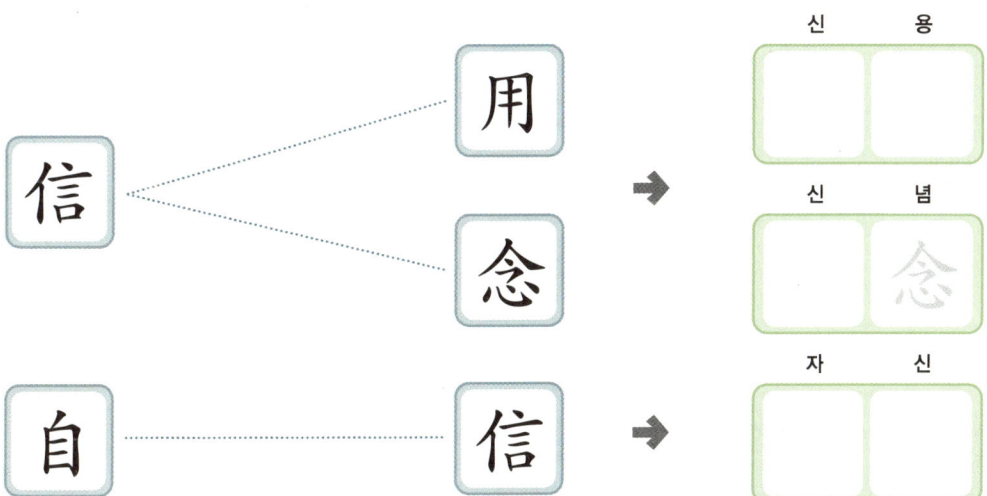

🍃 休가 들어가는 한자어를 알아보고 빈 칸에 한자어를 쓰세요.

公休日(공휴일) : 공적으로 정해진 휴일

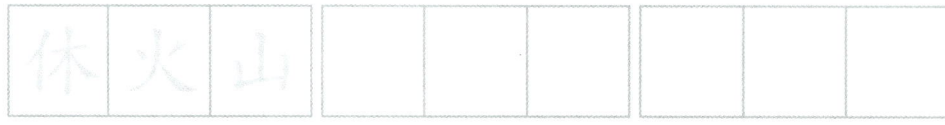

休火山(휴화산) : 한때 분화한 일이 있으나 지금은 활동하지 않는 화산

休息(휴식) : 일을 하거나 길을 가다가 잠깐 쉬는 일

🍃 빈 칸에 알맞은 한자를 써 넣어 休가 들어가는 한자어를 알아보세요.

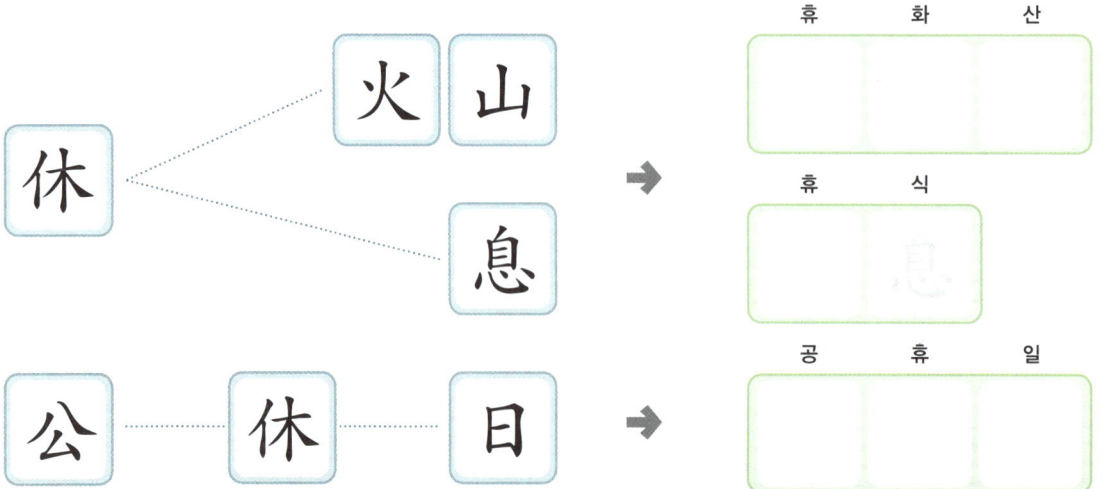

# 漢字語 쓰기

◎ 安이 들어가는 한자어를 알아보고 빈 칸에 한자어를 쓰세요.

未安(미안) : 남에게 폐를 끼쳐 마음이 편하지 못하고 거북함

安心(안심) : 근심 걱정이 없이 마음을 놓음. 마음을 편히 가짐

  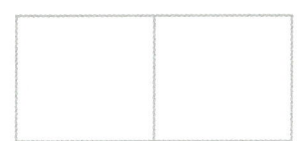 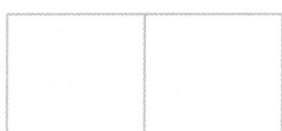

安全(안전) : 위험하지 않음. 위험이 없음. 또는 그러한 상태

◎ 빈 칸에 알맞은 한자를 써 넣어 安이 들어가는 한자어를 알아보세요.

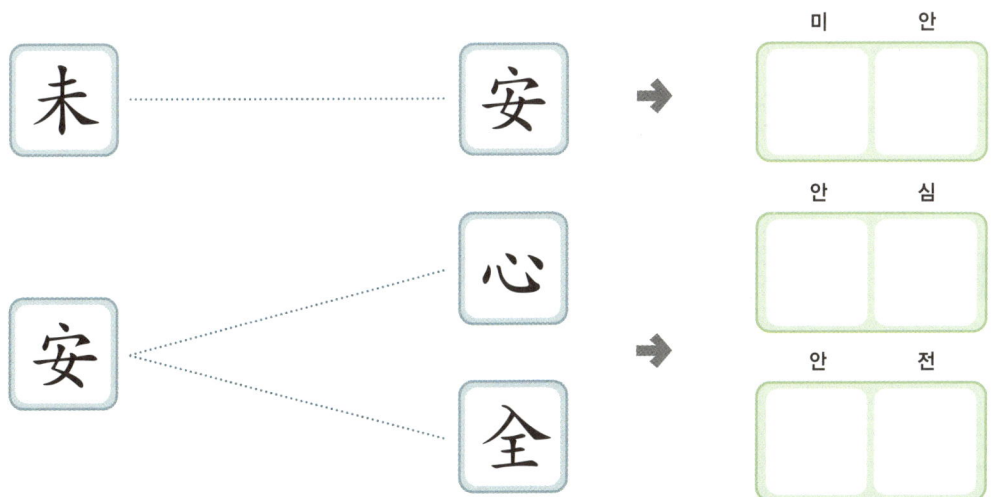

# 漢字語 쓰기

🍃 宅이 들어가는 한자어를 알아보고 빈 칸에 한자어를 쓰세요.

住宅(주택) : 사람이 들어 살 수 있게 지은 집

自宅(자택) : 자기의 집

宅地(택지) : 주택을 짓기 위한 땅. 집터

🍃 빈 칸에 알맞은 한자를 써 넣어 宅이 들어가는 한자어를 알아보세요.

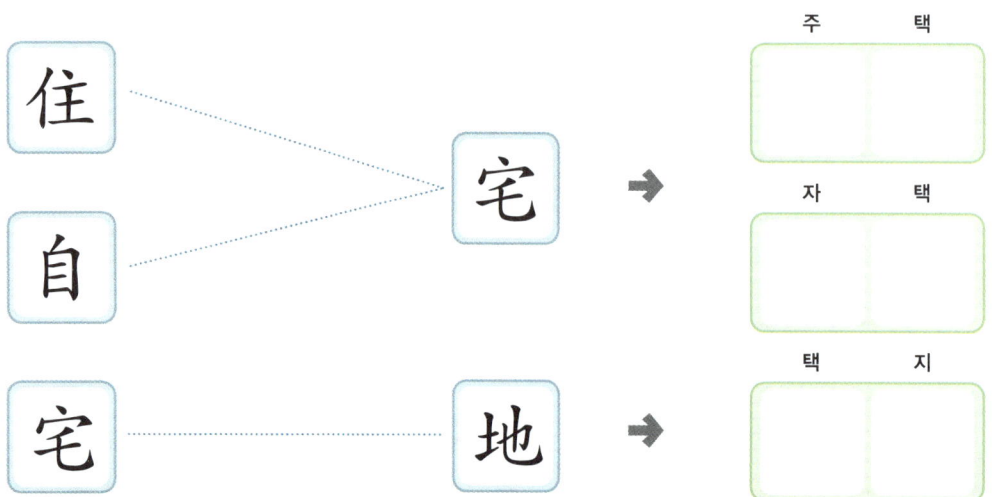

# 漢字語 쓰기

🍃 官이 들어가는 한자어를 알아보고 빈 칸에 한자어를 쓰세요.

法官(법관) : 사법권을 행사하여 형사 및 민사상의 재판을 맡아 보는 공무원

官家(관가) : 나라일을 보던 집

外交官(외교관) : 외교 통상부 장관의 감독 아래 외교 사무에 종사하는 공무원을 통틀어 이르는 말

🌏 빈 칸에 알맞은 한자를 써 넣어 官이 들어가는 한자어를 알아보세요.

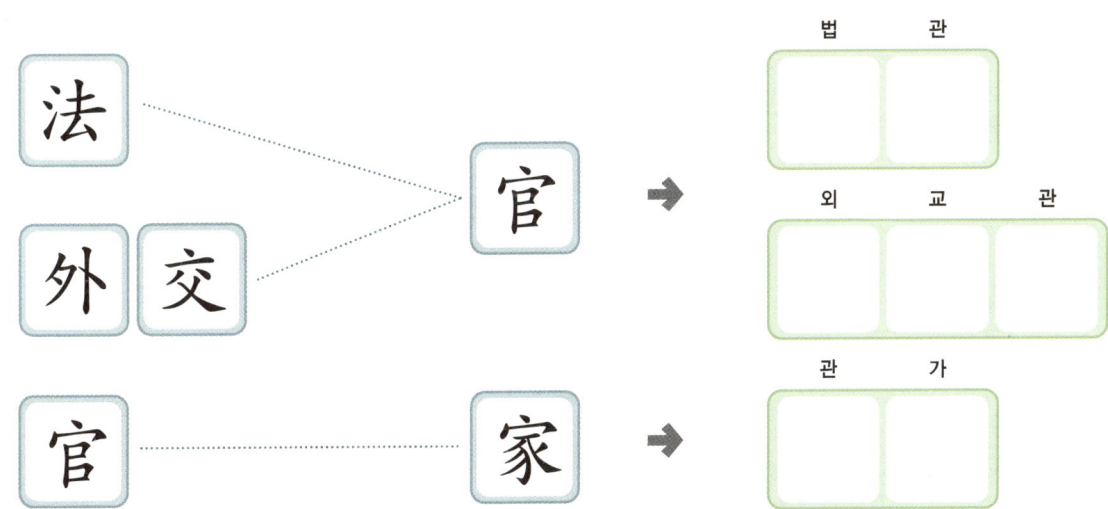

# 漢字語 쓰기

📗 容이 들어가는 한자어를 알아보고 빈 칸에 한자어를 쓰세요.

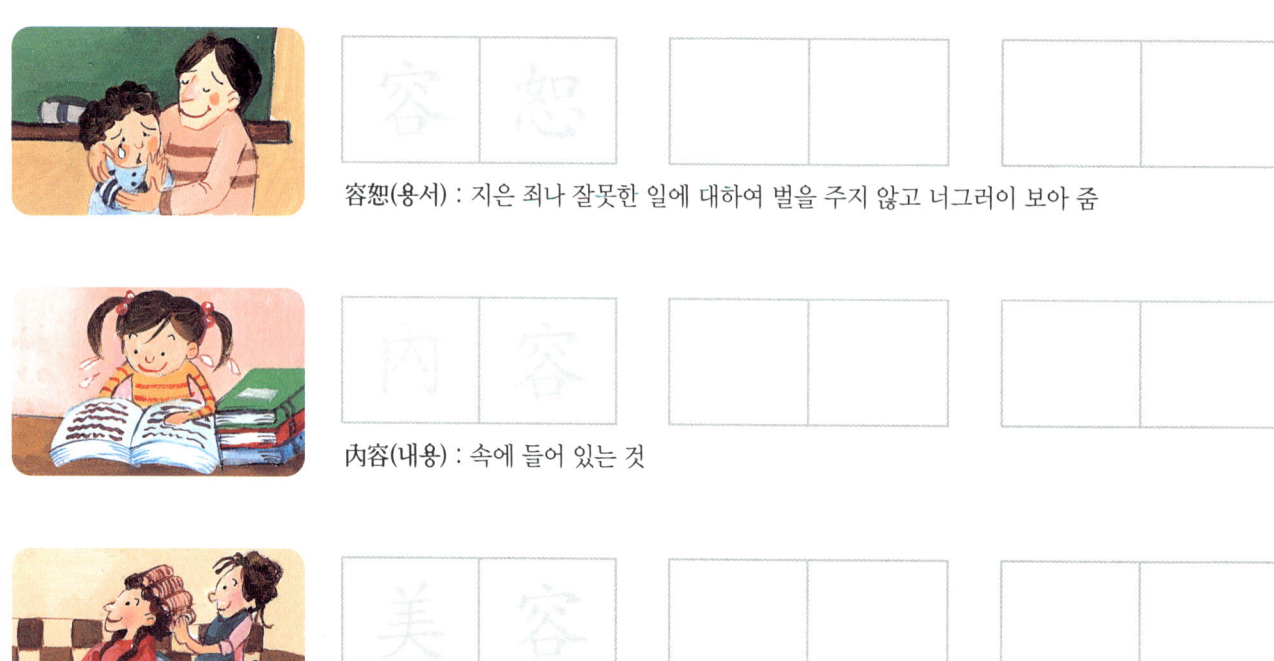

容恕(용서) : 지은 죄나 잘못한 일에 대하여 벌을 주지 않고 너그러이 보아 줌

內容(내용) : 속에 들어 있는 것

美容(미용) : 얼굴이나 머리 등을 곱게 매만짐

📗 빈 칸에 알맞은 한자를 써 넣어 容이 들어가는 한자어를 알아보세요.

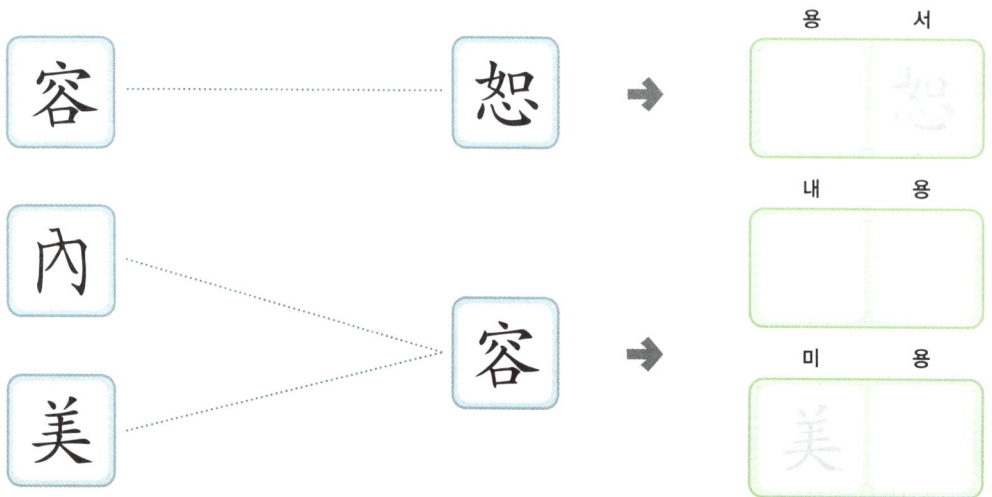

📖 海가 들어가는 한자어를 알아보고 빈 칸에 한자어를 쓰세요.

地中海(지중해) : 아프리카, 아시아, 유럽으로 둘러싸인 바다

東海(동해) : 동쪽 바다

海外(해외) : 바다의 밖. 곧 외국

🔎 빈 칸에 알맞은 한자를 써 넣어 海가 들어가는 한자어를 알아보세요.

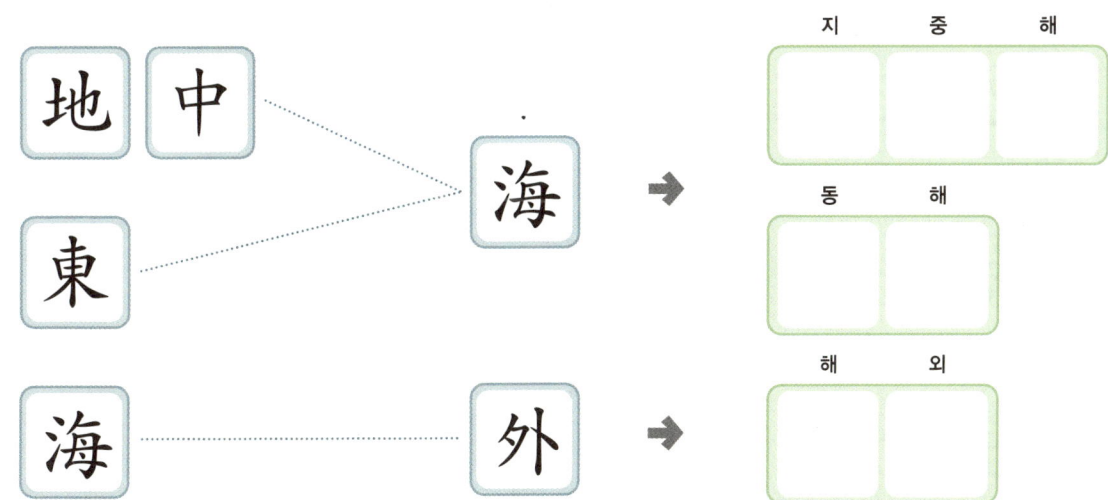

# 漢字語 쓰기

🍀 洋이 들어가는 한자어를 알아보고 빈 칸에 한자어를 쓰세요.

東洋(동양) : 동쪽 아시아 일대

西洋(서양) : 동양에서 유럽과 미주 여러 나라를 이르는 말

海洋(해양) : 넓은 바다

🍀 빈 칸에 알맞은 한자를 써 넣어 洋이 들어가는 한자어를 알아보세요.

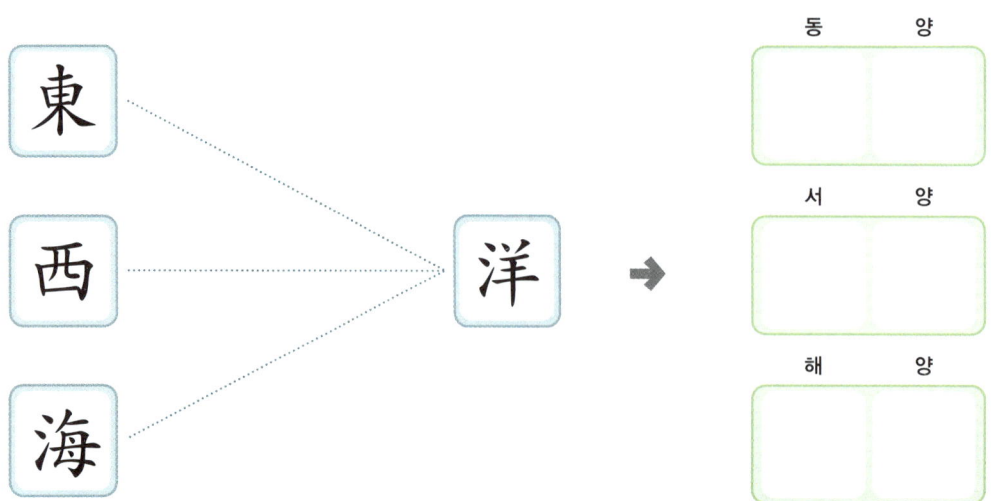

# 漢字語 쓰기

🔲 漁가 들어가는 한자어를 알아보고 빈 칸에 한자어를 쓰세요.

漁夫(어부) : 고기잡이를 업으로 하는 사람

漁村(어촌) : 어민이 모여 사는 바닷가에 있는 마을

出漁(출어) : 바다로 고기를 잡으러 나감

🔲 빈 칸에 알맞은 한자를 써 넣어 漁가 들어가는 한자어를 알아보세요.

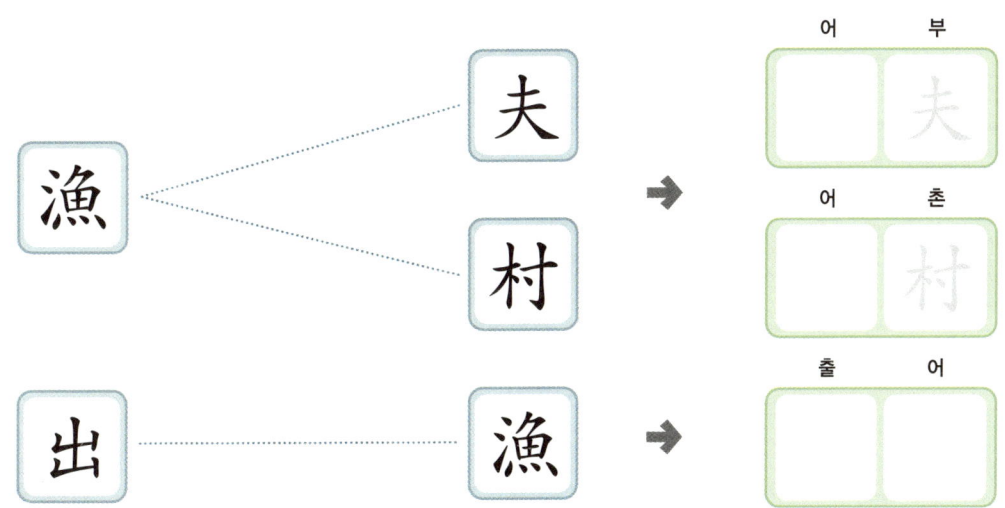

洗가 들어가는 한자어를 알아보고 빈 칸에 한자어를 쓰세요.

洗手(세수) : 얼굴을 씻음

洗車(세차) : 차에 묻은 먼지나 흙을 씻는 일

洗面(세면) : 얼굴을 씻음

빈 칸에 알맞은 한자를 써 넣어 洗가 들어가는 한자어를 알아보세요.

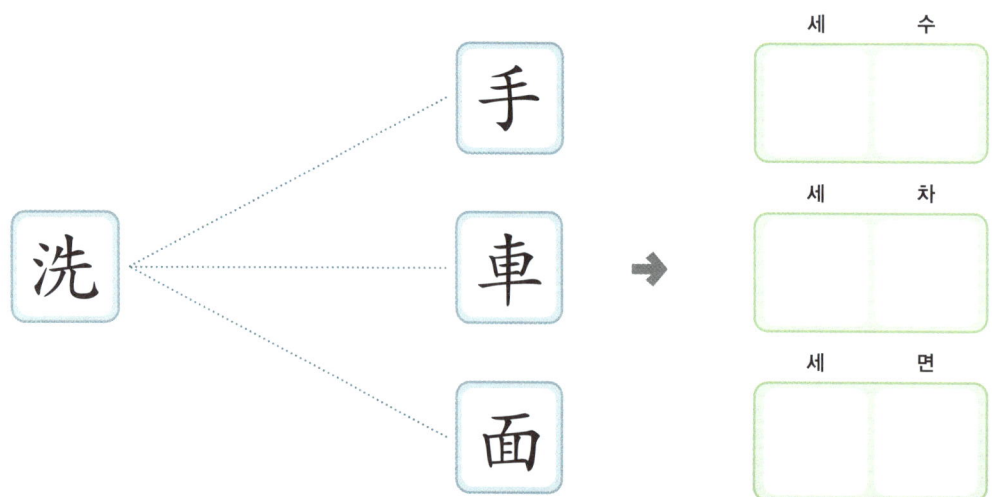

# 필순의 일반적 원칙

**1.** 위에서 아래로 씁니다.

　　三 : 一 二 三　　　言 : 丶 一 二 三 言 言 言

**2.** 왼쪽에서 오른쪽으로 씁니다.

　　川 : 丿 丿丨 川　　　林 : 一 十 才 木 木 村 材 林

**3.** 가로획과 세로획이 교차될 때는 가로획을 먼저 씁니다.

　　十 : 一 十　　　土 : 一 十 土

**4.** 좌우의 모양이 같을 때는 가운데를 먼저 씁니다.

　　小 : 亅 小 小　　　水 : 亅 기 水 水

**5.** 전체를 꿰뚫는 획은 제일 나중에 씁니다.

　　中 : 丨 口 口 中　　　母 : ㄴ 묘 묘 母 母

**6.** 바깥쪽과 안쪽이 있을 때는 바깥쪽을 먼저 씁니다.

　　風 : 丿 几 凡 凡 鳳 鳳 風 風 風　　　向 : 丿 丨 勹 向 向 向

**7.** 둘레를 막아 주는 획은 마지막에 씁니다.

　　目 : 丨 冂 冃 月 目　　　四 : 丨 冂 叨 四 四

**기탄 한자 쓰기 보따리**

**펴낸이** : 정지향 | **펴낸곳** : (주)기탄교육 | **기획·편집·디자인** : 기탄교육연구소
**주소** : 137-824 서울특별시 서초구 효령로 42 기탄출판문화센터 | **등록** : 제22-1740호 | **전화** : (02)586-1007 | **팩스** : (02)586-2337
※서점에 갈 시간이 없거나 구하기 어려운 분은 인터넷 또는 전화로 신청하세요. 즉시 우송해 드립니다. www.gitan.co.kr

ⓒ 2005 (주)기탄교육 All rights reserved. 본 교재의 저작에 관한 모든 권리는 (주)기탄교육에 있습니다.
저작권자의 동의 없이 본 교재를 무단으로 복제하거나 전재하는 것을 금합니다.